La Biblia

La Biblia

Una guía en el camino

No rehuyas el trabajo penoso
ni la labor del campo que creó el Altísimo.

(Eclesiástico 7:15)

Grupo Editorial Tomo, S.A. de C.V.
Nicolás San Juan 1043
03100 México, D.F.

1a. edición, junio 2005.

Nicolás San Juan 1043, Col. Del Valle
03100 México, D.F.
Tels. 5575-6615, 5575-8701 y 5575-0186
Fax. 5575-6695
http://www.grupotomo.com.mx
ISBN: 970-775-133-9
Miembro de la Cámara Nacional
de la Industria Editorial No 2961

Diseño de Portada: Emigdio Guevara
Formación Tipográfica: Servicios Editoriales Aguirre, S.C.
Supervisor de producción: Leonardo Figueroa

Impreso en México - *Printed in Mexico*

Pero Yahvéh tu Dios te conduce a una
espléndida tierra, tierra de torrentes y
de fuentes, de aguas que brotan del
abismo de los valles y en las montañas,
tierra de trigo y de cebada, de viñas,
higueras y granados, tierra de olivares,
de aceite y de miel, tierra donde el pan
que comas no te será racionado y
donde no te faltará de nada; tierra
donde las piedras tienen bronce.
(Deuteronomio 8:7-9)

Reconocimientos

He tenido la fortuna de trabajar a lo largo de toda una vida. El trabajo ha sido ante todo una aventura, algo que ha despertado mi interés y mi entusiasmo.

Todavía siento la emoción de estar frente a un grupo de estudiantes y planificar con ellos el objetivo de un curso, compartir temas nuevos, prácticas e incluso juegos que van creando en ellos certeza, desarrollando en ellos el gusto de poder utilizar los datos de un curso.

Los proyectos de trabajo en que he participado han sido un reto, una posibilidad de crear, una oportunidad de compartir con otros y de aprender de ellos.

Quiero expresar mi agradecimiento a mis alumnos y alumnas, y al Instituto Miguel Ángel donde tuve la oportunidad de trabajar tantos años.

Al Instituto Nacional de Antropología e Historia, por la oportunidad de entrar al mundo maravilloso del legado cultural de México, de sembrar y cosechar en medio de tanta riqueza, y a Thalía Romo por incluirme en su proyecto.

A las organizaciones de Scientology donde me he forjado como profesional en tantas áreas.

A Grupo Editorial Tomo, por darme la oportunidad de expresar mi sentir.

A Ana María Martín del Campo por su ayuda en la elaboración de este libro.

Graciela Frisbie,
Abril de 2005

Contenido

CAPÍTULO III

CAPÍTULO IV

CAPÍTULO V

CAPÍTULO VI

Introducción

La Biblia, una guía en el camino

La imagen de la vida como un camino aparece repetidas veces en la Biblia, y habiendo un camino recto en medio de un laberinto de caminos torcidos, se necesita una guía que nos lo señale.

En múltiples ocasiones a lo largo de la historia, la gente se ha ido a la deriva por no tener una guía o por seguir a guías incompetentes que llevaron a individuos y a grupos al fracaso. San Mateo nos habla de los "guías ciegos":

> Déjalos; son ciegos que guían ciegos. Y si un ciego guía a otro ciego, los dos caerán en el hoyo.
>
> (Mateo 15:14)

Este libro es una búsqueda de los caminos que señala la Biblia para aplicarlos, a través de los salmos, y transformarse en una persona próspera y exitosa:

> Muéstrame tus caminos, oh Yahvéh,
> enséñame tus sendas.
> Guíame en tu verdad, enséñame,
> pues tú eres el Dios de mi salvación,
> y en ti estoy esperando todo el día,
> por tu bondad, Yahvéh.
>
> (Salmo 25:4-6)

En el Antiguo Testamento, Dios guía a su pueblo por el desierto hacia la Tierra Prometida. Él decide por donde ha de salir el pueblo, no necesariamente por el camino más corto, sino por el que mejor garantiza su seguridad:

> Cuando el Faraón dejó salir al pueblo, Dios no los llevó por el camino de la tierra de los filisteos, aunque era más corto; pues se dijo Dios: "No sea que el pueblo, al verse atacado, se arrepienta y vuelva a Egipto". Dios hizo que el pueblo diera un rodeo por el camino del desierto hacia el mar.
>
> (Éxodo 13:17-18)

Al escuchar la palabra de Dios, nuestro guía, a veces el mensaje nos parecerá extraño, pero hay que recordar que Él busca para nosotros caminos seguros, no necesariamente caminos "cortos".

En este libro, exploraremos diversos aspectos del entorno del trabajo y buscaremos el mejor camino recurriendo a citas bíblicas. La Biblia es un tesoro de sabiduría, la Palabra que nos dará luz en medio de las confusiones y dificultades que se nos pueden presentar. En ella encontraremos santos y profetas que nos hablan a partir de su propia experiencia en la búsqueda del mejor camino, encontraremos a Yahvéh como el guía por excelencia para el pueblo que Él ha elegido, y encontraremos a Cristo con toda la riqueza de su mensaje lleno de fuerza y dinamismo; un mensaje que nos llega en su ejemplo vibrante al enfrentar el reto de vivir una verdad a la que se oponían tantos adversarios, en un mundo dominado por conquistadores implacables; el reto de hablar directamente y con fuerza y valentía arriesgando en ello la vida. Ese es el mensaje que nos va a guiar. Esa es la fuerza que tiene.

El Apocalipsis de San Juan nos presenta la imagen de Jesús, el Cordero, como guía:

> Ya no tendrán hambre ni sed; ya no les molestará el sol ni bochorno alguno. Porque el Cordero que está en medio del trono los guiará a los manantiales de las aguas de la vida. Y Dios enjugará toda lágrima de sus ojos.
>
> (Apocalipsis 7:16-17)

Por eso, hoy que abrimos la Biblia para encontrar el rumbo a seguir en nuestra vida diaria, y especialmente en el entorno del trabajo donde tantas veces sentimos "hambre" y "sed", y donde tantas cosas nos son molestas e incluso nos angustian, lo hacemos con la confianza de encontrar la mano del Guía que nos lleva hacia el agua de la vida y que enjugará las lágrimas de nuestros ojos.

Y en la Última Cena, Jesús habla del Espíritu Santo como el guía que señalará a los discípulos el camino a la verdad:

> Cuando venga el Espíritu de la verdad, los guiará hasta la verdad completa.
>
> (Juan 16:13)

Con esta certeza, empezamos nuestra búsqueda de la palabra de Dios que nos guíe en el camino. Buscamos la verdad, y la buscamos en su legado bíblico.

NOTA:

Al final del libro se incluye un glosario con términos y palabras usadas en las citas bíblicas con las que el lector podría no estar familiarizado.

Prólogo

EL TRABAJO EN LA BIBLIA

El trabajo se menciona en la Biblia en innumerables ocasiones. Lo vemos como una actividad asignada al hombre por Dios en el Jardín del Edén:

> Tomó, pues, Yahvéh Dios al hombre y lo dejó en el jardín del Edén para que lo labrara y lo cuidara.
>
> (Génesis 2:15)

Después de la caída, el pecado del hombre hace penoso el trabajo:

> "Con fatiga sacarás del suelo el alimento todos los días de tu vida. Espinas y abrojos producirá, y comerás la hierba del campo. Con el sudor de tu rostro comerás el pan".
>
> (Génesis 3:17-19)

Pero después del Diluvio, Dice Dios:

> "Nunca más volveré a maldecir
> el suelo a causa del hombre...
> Mientras dure la tierra
> la sementera y siega,
> el frío y el calor,
> el verano y el invierno,

el día y la noche,
no cesarán".

(Génesis 8:21-22)

Más tarde, el Profeta Isaías muestra a Dios como el iniciador de la agricultura:

Escuchen y oigan mi voz,
atiendan y oigan mi palabra.
¿Acaso cada día ara el arador,
abre y rompe su terreno?
Luego que ha igualado su superficie,
¿no esparce la neguilla, y desparrama el comino,
y pone trigo, cebada y espelta?
Quien le enseña esta usanza,
quien le instruye es su Dios.

(Isaías 28:23-26)

En la Biblia, el trabajo va unido al descanso sabático, como leemos en el Éxodo:

..."Seis días trabajarás y harás todas tus tareas, pero el día séptimo es día de descanso para Yahvéh, tu Dios. No harás ningún trabajo, ni tú, ni tu hijo, ni tu hija, ni tu siervo, ni tu sierva, ni tu ganado, ni el forastero que habita en tu ciudad. Pues en seis días hizo Yahvéh el cielo y la tierra, el mar y todo cuanto contienen, y el séptimo descansó; por eso bendijo Yahvéh el día del sábado y lo hizo sagrado..."

(Éxodo 20:9-11)

El hombre trabaja y descansa como Dios lo hizo en la creación. Tanto el trabajo como el descanso son un vínculo entre Dios y el hombre. Es un hecho muy elocuente que Dios se nos muestre "trabajando". Es una manera de ennoblecer al hombre haciéndolo partícipe de una actividad que es ante todo propia de Dios.

PROFESIONES Y OFICIOS

La Biblia en general es un mundo dedicado al trabajo. Se describen en ella todo tipo de profesiones en diversos contextos. Por ejemplo, el profeta Jeremías visita una alfarería:

> Palabra que fue dirigida a Jeremías de parte de Yahvéh: "Levántate y baja a la alfarería, que allí mismo te haré oír mis palabras."
>
> Bajé a la alfarería; y he aquí que el alfarero estaba haciendo un trabajo al torno. El cacharro que estaba haciendo con barro se estropeó en manos del alfarero, y éste volvió a empezar, transformándolo en otro cacharro diferente, como mejor le pareció al alfarero. Entonces me fue dirigida la palabra de Yahvéh en estos términos: "¿No puedo hacer yo con la casa de Israel, lo mismo que hizo este alfarero con el cacharro?"
>
> (Jeremías 18:1-6)

Dios compara su obra salvadora con el trabajo del hombre, se compara con el alfarero que toma una pieza echada a perder y crea algo nuevo con ella. Este es un aspecto singular del "trabajo" de Dios: corregir los constantes errores del hombre. En nuestro caso, también es frecuente que tengamos que tomar algo que parece estar totalmente arruinado y tengamos que volver a hacerlo funcional. Pero incluso en este tipo de trabajo, en cierta forma ingrato, estamos compartiendo una función que Dios ha estado realizando desde el inicio de la historia.

En el libro de Job encontramos una elocuente descripción del trabajo del hombre:

> Hay para la plata un venero,
> para el oro un lugar donde se purifica.
> Se extrae del suelo el hierro,
> de una piedra fundida se hace cobre.
> Se pone fin a las tinieblas,
> hasta el último límite se excava
> la piedra oscura y lóbrega.
> Los hombres de la lámpara abren minas
> donde se pierde el pie, y oscilan,
> se balancean, lejos de los humanos.
>
> Tierra de donde sale el pan,
> que está revuelta abajo por el fuego.
> Lugar donde las piedras son zafiro
> y contienen polvo de oro...
>
> Aplica el hombre al pedernal su mano,
> descuaja las montañas de raíz.
> Abre canales en las rocas,
> ojo avizor a todo lo precioso.
> Explora las fuentes de los ríos,
> y saca a la luz lo oculto.
>
> (Job 28:1-11)

LA ESCLAVITUD

En el contexto del trabajo también encontramos en la Biblia el hecho de la esclavitud. El Éxodo nos relata cómo Dios, por intermedio de Moisés, libera a su pueblo de la esclavitud. En el Deuteronomio leemos:

> Cuando el día de mañana te pregunte tu hijo: "¿Qué son estos dictámenes, estos preceptos y estas normas que Yahvéh nuestro Dios nos ha prescrito?", dirás a tu hijo: "Éramos esclavos del Faraón en Egipto, y Yahvéh nos sacó de Egipto con mano fuerte".
>
> (Deuteronomio 6:20-21)

Pero en la antigüedad la mayoría de los pueblos aceptaba la esclavitud como algo bastante normal. Entre otras cosas, era una manera de conseguir una fuerza de trabajo. De hecho, al regreso del destierro se habla de 42 360 hombres libres y 7337 esclavos y siervas. (Esdras 2:64)

Y en el Segundo Libro de los Reyes leemos como Nabucodonosor, rey de Babilonia, deporta a los habitantes de Jerusalén:

> Todos los hombres de valor, en número de siete mil, los herreros y cerrajeros, un millar, todos los hombres aptos para la guerra, el rey de Babilonia los llevó deportados a Babilonia.
>
> (2 Reyes 24:16)

La ley israelita favoreció la emancipación de los esclavos; los protegía y proponía su asimilación a la familia. En el Éxodo leemos:

> Cuando compres un esclavo hebreo, servirá seis años, y el séptimo quedará libre sin pagar rescate. Si entró solo, solo saldrá; si tenía mujer, su mujer saldrá con él.
>
> (Éxodo 21:1-3)

En el Deuteronomio leemos:

> Si tu hermano hebreo, hombre o mujer, se vende a ti, te sirve durante seis años; el séptimo le dejarás libre, y al dejarle libre, no lo mandarás con las manos vacías. Le harás algún presente de tu ganado menor, de tu era y de tu lagar; le darás arreglo como te haya bendecido Yahvéh tu Dios. Te acordarás de que tú fuiste esclavo en el país de Egipto y que Yahvéh tu Dios te rescató.
>
> (Deuteronomio 15:12-15)

En el Libro de los Proverbios se habla favorablemente del siervo:

> El siervo prudente prevalece sobre el hijo sin honra; tendrá, con los hermanos, parte en la herencia.
>
> (Proverbios 17:2)

En el Deuteronomio se habla de la protección al esclavo fugitivo:

> No entregarás a su amo al esclavo que haya acudido a ti huyendo de él. Se quedará contigo entre los tuyos, en el lugar que escoja en una de tus ciudades, donde le parezca bien; no le molestarás.
>
> (Deuteronomio 23:15-16)

EL VALOR DEL TRABAJO

Por otra parte, la Biblia expresa el valor del trabajo y el aprecio de los trabajadores:

> Mano indolente empobrece,
> mano diligente enriquece.
>
> (Proverbios 10:4)

Y menciona el salario de debe pagarse a quienes trabajan:

> No explotarás al jornalero humilde y pobre, ya sea uno de tus hermanos o un forastero que resida dentro de tus puertas. Le darás cada día su salario, sin dejar que el sol se ponga sobre esta deuda; porque es pobre y para vivir necesita su salario.
>
> (Deuteronomio 24:14-15)

Y el Libro de Tobías cuenta cómo Tobías sale a buscar un guía que conozca la ruta hacia Media:

> Tobías le dijo: "Espérame joven que voy a decírselo a mi padre, porque necesito que vengas conmigo; y yo te pagaré tu sueldo".
>
> (Tobías 5:7)

En la parábola de los obreros de la viña, dice el patrón:

> Llama a los obreros y págales su jornal, empezando por los últimos y hasta los primeros.
>
> (Mateo 20:8)

En el Evangelio de San Lucas Jesús hace recomendaciones a sus discípulos cuando los envía a las ciudades a predicar:

> Quédense en la misma casa, comiendo y bebiendo lo que tengan, porque el obrero tiene derecho a su salario.
>
> (Lucas 10:7)

Como conclusión, podemos decir que Dios bendice al hombre con el trabajo y en el Decálogo se le considera "ley natural para el hombre". El trabajo ennoblece al hombre, pues Dios mismo "trabajó" para entregarle la creación. Ahora corresponde al hombre trabajar para conservarla. En nuestro tiempo, contamos con tecnología cada vez más avanzada para dar realce a la creación, y cada uno en nuestro trabajo ponemos nuestro grano de arena para imprimir en el mundo material que nos rodea el signo de nuestro legado.

Con este punto de vista, escucharemos la palabra de Dios sobre el trabajo, y asumiremos nuestras tareas y obligaciones a la luz de lo que nos dice la Biblia.

Capítulo I

Dios y el hombre, ¿existe algún vínculo entre ellos?

Es interesante descubrir los vínculos que la Biblia señala entre Dios y el hombre.

Por supuesto, en la Biblia encontramos descripciones de todo tipo de seres humanos, desde los más santos hasta los más viles, y su conducta forma la trama de esa historia humana hacia un rumbo que difícilmente se tiene definido en el mundo actual. Pero vayamos al punto de inicio, al Génesis, donde encontramos el tan simbólico relato de la creación:

> Dijo Dios: "Hagamos al hombre a imagen nuestra, según nuestra semejanza, y domine sobre los peces del mar, las aves del cielo, los ganados y todas las alimañas, y sobre toda serpiente que se arrastra sobre la tierra". Y creó Dios al hombre a imagen suya, a imagen de Dios le creó; macho y hembra los creó.
>
> (Génesis 1:26-27)

Y en el Salmo 8 leemos:

> Apenas inferior a un dios le hiciste,
> coronándole de gloria y esplendor;
> le hiciste señor de las obras de tus manos,
> todo fue puesto por ti bajo sus pies.
>
> (Salmo 8:6-7)

Estas citas bíblicas nos llegan como una misión que se nos está entregando. Toda la creación está ahora en nuestras manos, se nos dice que nuestra tarea es dominarla. Se nos da a entender que a partir de ese momento el hombre debe encargarse de todos los demás seres. En otras palabras, somos la imagen del Creador y ahora de nosotros dependen todos los seres. Y es interesante que muchas de nuestras actividades en el área del trabajo tengan que ver con el dominio, el cuidado, la administración y el uso inteligente de esa creación.

LA MISIÓN DEL HOMBRE ANTE LA CREACIÓN

Todo hombre o mujer que trabaja está aceptando esta misión de "dominar" la creación; una misión que el Libro del Génesis nos entrega como algo dado por Dios. Aquí es fácil intuir que Dios no creó al hombre como un ser pasivo que simplemente "vegeta" y es "zarandeado" por la creación que le rodea. El hombre ideal que se nos describe en el Génesis es un hombre activo, un hombre que "domina". Y para dominar hay que trabajar, hay que imaginar formas nuevas de utilizar esa creación que se nos ha entregado, hay que respetar esa creación de Dios y darle impulso.

El hombre ha respondido a esta misión en muchas formas. Existe dentro de nosotros un dinamismo nato que nos lleva a tomar la creación en nuestras manos y moldearla.

El ser humano, creado a imagen del Dios creador, también es creador. Dios puso a Adán en el Paraíso para que trabajara en él, labrándolo y cuidándolo. Ese impulso sigue con nosotros hoy en día. No importa donde vayamos, vamos a estar rodeados de la creatividad del hombre. Hemos construido ciudades, imaginado edificios, diseñado jardines. Cada piedra, cada ladrillo que está hoy en su lugar, lo está porque uno de nosotros dedicó su tiempo, su pericia, su esfuerzo para ponerlo ahí.

Observa a un ser humano a lo largo de un día. La mayoría de nosotros disfrutamos nuestras actividades, disfrutamos imprimir nuestro sello a nuestro paso. El ama de casa crea el ambiente hogareño que disfrutamos, el entorno donde descansamos y nos divertimos. Y en cada oficio y profesión humana cada uno de nosotros crea, crea constantemente, ofreciendo a quienes lo rodean instrumentos de vida y de desarrollo.

Si vemos nuestro trabajo bajo esta luz, éste adquiere matices totalmente nuevos. Uno se pregunta: "Eso que yo hago, ¿cómo responde a la misión que se me da en las primeras líneas del Génesis?". "¿En qué forma estoy dominando la creación para darle realce, para hacerla más digna del Creador que la puso en mis manos?".

EL PODER DE TRANSFORMAR

El ingeniero transforma un terreno en una hermosa residencia, el médico recibe a un herido bañado en sangre, o a un paciente grave y enfrenta el reto. Ese herido, ese paciente, reciben atención y en la mayoría de los casos mejoran.

Podríamos decir que el ser humano, en su naturaleza prístina, tiene la implacable misión de crear, de impregnar bondad, belleza, vitalidad y fuerza en cada circunstancia que toca. Los niños transforman en juego las situaciones más comunes. Los jóvenes llenan de música, risas y danza los escenarios más sombríos. El profesional transforma su realidad mediante su destreza, y el artista sueña creando realidades nuevas a cada paso.

En ese implacable dinamismo de crear, hemos formado naciones, empresas, escuelas y todo tipo de "negocios" que día a día crean la realidad en que vivimos, la civilización, la cultura.

EL DESAFÍO QUE ENFRENTAMOS

Esta realidad existe. Pero paralela a ella, está la tendencia destructiva, la enfermedad de dañar y destruir. La Biblia nos describe constantemente esta lucha entre la luz y la sombra, el bien y el mal. Y el profeta clama, insiste, amenaza, tratando de guiar a los seres humanos al camino de la luz.

Quienes responden al reto, encontrarán una ruta de incontables aventuras, un constante juego en el que existe la posibilidad de triunfar, de crear metas y lograrlas a pesar de toda oposición.

LA LIBERTAD DE SER AUTODETERMINADOS

Al aceptar y cumplir esa misión de "dominar" la tierra, ese reto de actuar como "alguien que ha sido creado a imagen de Dios", lo hacemos como seres autodeterminados. Dios no le impone al hombre esa misión, se la entrega, y la respuesta está ahora totalmente en manos del hombre:

> Él fue quien al principio hizo al hombre,
> y le dejó en manos de su propio albedrío.

> Si tú quieres guardarás los mandamientos,
> permanecer fiel es cosa tuya.
> Él ha puesto delante de ti fuego y agua,
> a donde quieras puedes llevar tu mano.
>
> (Eclesiástico 15:14-16)

Pero Dios le exige al hombre esa responsabilidad. Esta misión que tenemos es "de vida o muerte", como leemos en el Deuteronomio:

> Pongo hoy por testigos contra ustedes al cielo y a la tierra; te pongo delante la vida o la muerte, la bendición o la maldición. Escoge, pues, la vida, para que vivas tú y tu descendencia, amando a Yahvéh tu Dios, escuchando su voz, uniéndote a él pues en eso está tu vida, así como la prolongación de tus días mientras habites en esta tierra.
>
> (Deuteronomio 30:19-20)

Así, nuestra vida adquiere un tono de mayor urgencia. Se trata nada menos que de la supervivencia del hombre como especie, de nuestro propio futuro, el de nuestros seres queridos y el de la humanidad. Nuestras actitudes cotidianas no son "incoloras", están apoyando la vida o están apoyando la muerte. Estamos respondiendo al reto de actuar como responsables de la creación para seguirla creando, o la estamos llevando a la destrucción.

La historia humana ha sido testigo de destrucción a niveles casi inimaginables: incontables seres humanos se destruyen hundiéndose en vicios o en maldad, grupos y naciones enteras se lanzan a acciones destructivas por razones inconcebibles. La lista es muy larga: intolerancia, racismo, abuso de los débiles, contaminación ambiental, destrucción de ecosistemas, drogas dañinas.

Es como si el dinamismo creador que tiene el hombre pudiera envenenarse y hacer que la humanidad se torne contra sí misma, contra sus semejantes y contra toda la creación.

Entonces, ahí está el reto. Optar por la vida, no por la muerte. Y eso puede hacerse en nuestras acciones más cotidianas.

Enfocando el mundo del trabajo, cuántas actitudes destructivas se pueden tener en una actividad humana. Acciones que destruyen a la empresa en sí, a los ejecutivos, a los trabajadores, al consumidor, al medio ambiente, e incluso a la competencia, si se actúa con saña o con maldad.

El reto es hacer del mundo del trabajo un mundo "creativo" en todos sentidos. Tener el tipo de empresa en la que se promueve al trabajador, en la que se tiene éxito como empresa y a nivel personal, una institución que entrega al consumidor el servicio que se merece y al hacerlo crea un mejor entorno en la sociedad. Incluso una empresa que apoya al marginado, que tiende la mano a los débiles a quienes la sociedad parece haber olvidado.

HIJOS DE DIOS

El Nuevo Testamento está lleno de citas que nos hablan de nuestra filiación divina, por ejemplo esta frase de San Pablo:

> La prueba de que somos hijos de Dios es que Dios ha enviado a nuestros corazones el Espíritu de su Hijo

> que clama ¡Abbá, Padre! De modo que ya no eres esclavo, sino hijo: y si hijo, también heredero por voluntad de Dios.
>
> (Gálatas 4:6-7)

Esta dimensión de hijos de Dios da fuerza a la misión que recibimos en el Génesis. Ahora se trata de lealtad al Padre, del "nobleza obliga" del hijo y heredero que cumple su misión, no por el beneficio que le reportará, sino por su vínculo que tiene con el Padre. Es el honor que representa el actuar a ese alto nivel de lealtad como herederos de un legado eterno de "dominar" la tierra y guiarla hacia caminos de vida y no de muerte.

EN LA PRÁCTICA:

- Optar por la "vida" al realizar nuestras actividades cotidianas, asegurándonos de apoyar a otros, de tener actitudes constructivas, de relacionarnos con jefes y subordinados de tal manera que estemos "creando" realidades positivas para todos.
- Tener el orgullo de actuar como alguien que ha recibido una misión, un legado de continuar la obra "creadora" en este mundo.
- Admirar la creación y respetarla; estar conscientes de que "dominar" no es destruir sino aprovechar, impulsar, dar realce a esa creación que ahora está en nuestras manos.
- Admirar la creación del hombre en el arte, la tecnología, las instituciones humanas, la ciencia que impulsa la vida, la educación que forja nuevos herederos de esta misión ante la creación.

CAPÍTULO II

Profesionalismo

La imagen del alfarero en su trabajo, sentado con los pies en el torno y con las manos moldeando el barro, es frecuente en la Biblia.

> Un alfarero trabaja laboriosamente la tierra blanda y modela diversas piezas, todas para nuestro uso; unas van destinadas a usos nobles, otras no, pero modela todas sus piezas de igual manera y de la misma masa. Sobre el servicio diverso que unas y otras van a prestar, es el alfarero quien decide.
>
> (Sabiduría 15:7)

Cada uno de nosotros, incluso en este milenio, puede ver su trabajo retratado en esta imagen. "Trabajamos laboriosamente" en campos tan diversos como laboratorios, salones de clase, construcciones, investigación, cuidado de la salud, creación artística, por mencionar sólo unas cuantas ocupaciones humanas donde se requiere profesionalismo y destreza. El producto que sale de nuestras manos va a prestar un servicio, y el artesano, el técnico o el científico, lo diseña de tal manera que responda al uso que se le va a dar.

En nuestro mundo tecnológico, nuestras manos moldean en computadoras, con maquinaria especializada y con materiales mucho menos sencillos que el barro del alfarero, pero esos productos llevan nuestro sello personal, como las piezas del alfarero de los tiempos bíblicos.

Estas piezas —al igual que nuestros productos— reflejan nuestro profesionalismo, es decir, la actitud responsable ante el trabajo. Una calidad de servicio que va más allá de la simple obligación.

SATISFACCIÓN POR UN TRABAJO BIEN HECHO

Por lo general, cualquier persona se enorgullece de su trabajo. Existe gran satisfacción en entregar un producto que otros valoren, que puedan utilizar, que disfruten. Y tenemos el derecho a sentir ese sano orgullo, como el Creador, que al ver su obra "vio que estaba bien" como nos relata el Génesis.

> Vio Dios todo cuanto había hecho, y vio que estaba
> muy bien. Y atardeció y amaneció el día sexto.
>
> (Génesis 1:31)

Ese es el sello del profesionalismo. Un producto excelente que pueda utilizarse para lo que está diseñado. Ahí entra el control de calidad, la meticulosa inspección de cada paso en una cadena de producción para garantizar que lo que sale de nuestros talleres, de nuestras fábricas, del estudio de grabación o de la mesa de un arquitecto, sea exactamente lo que se planeó.

Eso nos exige trabajar con sumo cuidado en los detalles. El Eclesiástico nos habla de varios oficios y de la actitud del artesano para lograr lo que se espera de él:

> ¿Cómo va a hacerse sabio el que empuña el arado?
> El que conduce bueyes, los arrea en sus trabajos
> y no sabe hablar mas que de novillos.
> Aplica su corazón a abrir surcos,

y sus vigilias a cebar terneras.
De igual modo todo obrero o artesano,
que trabaja día y noche;
los que graban las efigies en los sellos,
y su afán se centra en variar los detalles;
ponen todo su corazón en igualar el modelo,
y gastan sus vigilias en rematar la obra.
También el herrero sentado junto al yunque,
atento a los trabajos de hierro;
el vaho del fuego sus carnes derrite,
en el calor de la fragua debate,
al ruido del martillo está atento su oído,
y en el modelo del objeto tiene fijos sus ojos;
pone su corazón en concluir obras,
y sus vigilias en adornarlas al detalle.

(Eclesiástico 38:24-28)

En nuestras profesiones y oficios, también "aplicamos nuestro corazón" a las tareas que realizamos. Piensa en el médico que estudia el caso de ese paciente y "aplica sus vigilias" para buscar la mejor solución. Piensa en el maestro preparando sus clases, buscando la forma de presentar esa lección difícil a un grupo de adolescentes que tal vez tengan su atención dispersa en sus propios laberintos y el asistir a esa clase sea sólo una rutina de la que nadie puede escapar. Piensa en el arquitecto que diseña esa residencia en una ubicación especial para ese cliente específico.

EL TRABAJO ARDUO

Cuántos de nosotros hemos "trabajado día y noche" para sacar ese proyecto dentro del tiempo límite acordado. El resultado óptimo de nuestras tareas normalmente nos exige "centrarnos en detalles", "poner todo nuestro corazón" en mantener nuestros estándares —e incluso en superarlos—, y a menudo hemos tenido que "gastar nuestras vigilias en rematar la obra".

Nuestros ojos y oídos deben estar atentos a los procedimientos y las secuencias de cada tarea, y ese cuidado, esa actitud responsable, es la característica de un profesional. Es un privilegio trabajar con alguien así. Es un placer contratarlo.

Cuando alguien descuida su trabajo, no se empeña, no es diligente y sus productos dejan mucho que desear, todo el equipo de trabajo tiene problemas. Incluso empresas enteras pueden sufrir las consecuencias de una actitud indiferente o descaradamente irresponsable ante las tareas asignadas.

Es importante fomentar el profesionalismo en el campo del trabajo. Una actividad se disfruta mucho más cuando se hace con diligencia y cuando podemos presentarla a otros con la frente muy en alto.

Leemos en el Eclesiástico:

> Todos ellos ponen su confianza en sus manos,
> y cada uno muestra su sabiduría en su tarea.
> Sin ellos no se construiría ciudad alguna,
> ni se podría habitar ni circular por ella.
> ...Pero aseguran la creación eterna,
> el objeto de su oración son los trabajos de su oficio.
>
> (Eclesiástico 38:31-34)

A la luz de este texto, el trabajo no es sólo algo que necesita hacerse, sino una oración. El trabajo "construye ciudades", y también podemos decir que crea civilizaciones y entrega a las nuevas generaciones el legado cultural y tecnológico de cada generación sucesiva de seres humanos.

DILIGENCIA

El diccionario define "diligencia" como "prontitud e interés al actuar". Al ser diligente, uno se interesa, pone atención en lo que está haciendo orientándolo hacia un fin determinado. Si se tiene un equipo de trabajo que actúa con diligencia, se tiene una garantía del éxito de esa actividad.

Todo individuo o empresa, toda actividad o país, quiere tener éxito y lograr sus metas. Una buena fórmula para lograrlo es "ser diligente", como el alfarero, el agricultor o el herrero que nos describe el Eclesiástico.

EL CORAZÓN EN LA BIBLIA

El Eclesiástico nos dice que el hombre "aplica su corazón" a abrir surcos y a concluir obras. En la Biblia, el corazón es el centro de las facultades de la persona, la fuente de su personalidad, su capacidad consciente que sólo Dios conoce. El Profeta Jeremías lo expresa así:

> Ya me conoces, Yahvéh, me has visto
> y has comprobado que mi corazón está contigo.
> (Jeremías 12:3)

El corazón es también sede de la voluntad del hombre. A partir del corazón el hombre decide qué hacer y qué no hacer. En el Eclesiastés leemos:

> Todo esto tengo visto al aplicar mi corazón a cuanto pasa bajo el sol, cuando el hombre domina en el hombre para causarle mal.
>
> (Eclesiastés 8:9)

Y en el Evangelio de Lucas escuchamos este consejo de Jesús a sus discípulos cuando les habla de las persecuciones que van a sufrir:

> Propongan, pues, en su corazón no preparar la defensa, porque yo les daré una elocuencia y una sabiduría a la que no podrán resistir ni contradecir sus adversarios.
>
> (Lucas 21,14)

En el corazón se expresa la libertad de aceptar o no aceptar lo que otros sugieren. El corazón también puede resistirse a Dios, y entonces la Biblia nos dice que éste "se endurece".

En el texto del Profeta Ezequiel encontramos la promesa de Dios de dar al hombre un corazón nuevo:

> "Yo les daré un solo corazón y pondré en ellos un espíritu nuevo; quitaré de su cuerpo el corazón de piedra y les daré un corazón de carne, para que caminen según mis preceptos, observen mis normas y las pongan en práctica".
>
> (Ezequiel 11:19-20)

Al abrir la Biblia, estamos entregando nuestro corazón al Señor para que Él lo renueve. Ese corazón de piedra que tanto daña a otros y se daña a sí mismo será ahora un corazón de carne que decide a favor de la vida.

LOS PERSONAJES BÍBLICOS Y EL TRABAJO

Los grandes personajes de la Biblia practicaron diversos oficios: Jacob trabajó duramente durante veinte años, Moisés, David y Amós eran pastores. Gedeón cosechaba trigo. Elías encontró a Eliseo trabajando en su campo con doce parejas de bueyes. Y uno de los textos más antiguos de la Biblia nos habla del "canto de los excavadores de pozos":

> Entonces Israel entonó este cántico:
> Cantemos al Pozo.
> Pozo que cavaron Príncipes,
> que excavaron los jefes del pueblo,
> con el cetro, con sus bastones.
>
> (Números 21:17-18)

En la Biblia se describen muchas profesiones. Incluso se nos habla de los artífices del santuario:

> Moisés dijo entonces a los hijos de Israel: "Miren, Yahvéh ha designado a Besalel, hijo de Uri. Hijo de Jur, de la tribu de Judá, y le ha llenado del espíritu de Dios, confiriéndole habilidad, pericia y experiencia en toda clase de trabajos, para concebir y realizar proyectos en oro, plata y bronce, para labrar piedras de engaste, tallar la madera y ejecutar cualquier otra labor de artesanía; a él y a Oholiab, hijo de Ajisamak de la tribu de Dan, les ha puesto en el corazón el don de enseñar. Les ha llenado de habilidad para toda clase de labores en talla y bordado, en recamado de púrpura violeta y escarlata, de carmesí y lino fino, y en labores de tejidos.

Son capaces de ejecutar toda clase de trabajos y de idear proyectos".

(Éxodo 35:30-35)

Aquí vemos a un Dios que se interesa en el trabajo del hombre, en sus destrezas y habilidades. Un Dios que da al hombre la capacidad de crear proyectos y realizarlos.

DONES Y POTENCIALIDADES

En nuestro trabajo cotidiano vemos gente muy talentosa creando mundos nuevos en todos los campos del saber humano. Esa aventura de forjar un mundo futuro es parte del plan de Dios. Él nos entrega la materia prima de un mundo que nosotros vamos a crear.

Eso es lo que hace que la vida sea interesante. Al nacer, el hombre tiene en sus manos un proyecto ilimitado: su propia persona, su entorno inmediato, el campo de la ciencia, de la tecnología, del arte. Todo es un potencial sin límites que él podrá desarrollar como se lo dicte su corazón.

La orientación de toda educación debería ser despertar el potencial de los jóvenes, motivar su imaginación, pues en sus manos está la creación del mundo del mañana. Tal vez el mundo que vivimos nosotros hoy no sea ideal. Estamos conscientes de las limitaciones de nuestra cultura mecanizada, deshumanizada, en muchos aspectos irrespetuosa, intolerante, destructiva de la naturaleza, e incluso irresponsable ante la salud física y mental de una juventud que se hunde cada vez más en vicios y drogas.

Sin embargo los dones de Dios están latentes en ellos, el potencial existe, ¿por qué permitir que las tendencias destructivas de este mundo moderno acaben con ellos? No permitamos que el hombre pierda su autoestima al grado de dejarse dañar, de autodestruirse. Recordemos que somos imágenes de un Dios creador, y por lo tanto, creadores. Descubramos que detrás de nuestras limitaciones o de nuestra ignorancia en ciertos campos especializados, existe un potencial. Superemos esas limitaciones; todos podemos capacitarnos, prepararnos y llegar a ser expertos en los campos del saber humano que nos interesen y en los que podremos llegar a ser creadores de mundos nuevos.

Siempre podemos aprender, siempre podemos mejorar, elevar nuestros estándares y superar niveles anteriores de pericia en cualquier campo.

CALIDAD HUMANA

La única pauta a seguir será el límite de la imaginación y de la calidad humana que podamos tener. Lo que creamos puede dar vida o dar muerte, y la historia humana está llena de lágrimas, de dolor y sangre, de injusticias y horrores por las decisiones tomadas por seres humanos mal orientados por su egoísmo y por las mentiras del odio.

La otra opción es la vida. Seguir dando a la creación el sello de un Creador "cuya obra es buena". En nuestro trabajo, en nuestras actitudes hacia otros, en nuestro respeto a la naturaleza puede reflejarse la búsqueda de una nueva dimensión de vida en la que el hombre pueda florecer. Un planeta cuidado, caminos de progreso para todos los que deseen progresar. Opciones que ayuden a las nuevas generaciones a continuar con la misión y el reto de crear mundos nuevos orientados a la vida.

LUCHA CONTRA LO DESTRUCTIVO

Si hay algo que exterminar es lo que daña, lo injusto, lo que destruye. Y hay que fortalecer el corazón para ser implacables en ese sentido. Limitándonos al área del trabajo, si permitimos que la cizaña crezca entre el trigo, nuestras actividades fracasarán, nuestros esfuerzos serán inútiles y en lugar de la satisfacción por nuestros logros sufriremos la pérdida de nuestros planes, de lo que habíamos soñado.

Jesús nos da la parábola de la cizaña y el trigo. Una escena que a veces es muy real en nuestros ambientes de trabajo. Mientras algunos siembran trigo, otros con engaño siembran cizaña, una planta cuya harina produce vértigos y convulsiones, pero cuyo aspecto es muy similar al del trigo:

> "El Reino de los Cielos es semejante a un hombre que sembró buena semilla en su campo. Pero mientras su gente dormía, vino su enemigo, sembró encima cizaña entre el trigo y se fue. Cuando brotó la hierba y echó luego espiga, apareció entonces también la cizaña. Los siervos del amo fueron a decirle: 'Señor, ¿no sembraste semilla buena en tu campo? ¿Cómo es que tiene cizaña?' Él les contestó: 'Algún enemigo ha hecho esto'. Le dicen los siervos: '¿Quieres, pues, que vayamos a recogerla?' Él les dice: 'No, no sea que, al recoger la cizaña, arranquen también el trigo. Dejen que ambos crezcan hasta la siega. Y al tiempo de la siega diré a los segadores: Recojan la cizaña y átenla en gavillas para quemarla, y el trigo guárdenlo en mi granero'".
>
> (Mateo 13:24-30)

La palabra cizaña ha llegado a significar "motivo de enemistad que alguien introduce en las relaciones interpersonales". Quienes la siembran lo hacen escondiéndose, pues saben que es destructiva. En la parábola de Jesús, el Señor no elimina la cizaña en el momento en que se descubre, espera hasta el final para entonces eliminarla. Al parecer esa "cizaña" siempre estará presente entre nosotros. Debemos detectarla y señalarla, protegernos de ella e inutilizarla. Debemos hacer que el trigo crezca y sea cada vez más fuerte para que la cizaña no acabe con él. Sabiendo distinguir lo que es "trigo" (es decir, lo que promueve la vida), y lo que es "cizaña" (es decir, lo que la destruye), podremos vencerla aunque siga estando presente en nuestro mundo.

El Antiguo Testamento nos presenta imágenes muy drásticas cuando se trata de erradicar el mal: pensemos en el diluvio:

> Viendo Yahvéh que la maldad del hombre cundía en la tierra y que todos los pensamientos que ideaba en su corazón eran malos, le pesó a Yahvéh haber hecho al hombre en la tierra y se indignó en su corazón. Y dijo Yahvéh: "Voy a exterminar de sobre la faz de la tierra al hombre que he creado".
>
> (Génesis 6:5-7)

Recordemos la destrucción de Sodoma y Gomorra, dos ciudades degeneradas a las que Dios envió dos ángeles que se hospedaron con Lot, un hombre justo:

> Al rayar el alba, los ángeles apremiaron a Lot diciendo: "Levántate, toma a tu mujer y a tus dos hijas

> que se encuentran aquí, no vayas a ser barrido por la culpa de la ciudad".
>
> (Génesis 19:15)
>
> ...Entonces Yahvéh hizo llover sobre Sodoma y sobre Gomorra azufre y fuego procedente de Yahvéh. Y arrasó aquellas ciudades, y toda la llanada con todos los habitantes de las ciudades y la vegetación del suelo.
>
> (Génesis 19:23-25)

Estas imágenes bíblicas nos hablan de no ser razonables ante el mal. La humanidad ha tolerado acciones que la dañan, se ha convertido en víctima de mentes demoníacas y ha heredado a sus hijos ese dolor y heridas.

Si queremos un mundo mejor, no debemos permitir que se fragüen universos de tinieblas. ¿Por qué hay gente que se empeña en minar al ser humano, en reducir sus posibilidades de éxito, en convertirlo en un ser inútil, incapaz de forjar nuevos horizontes para todos? ¿Por qué se permite que se enajene a los jóvenes con drogas, que se les impida crecer sanos, que se apague su creatividad y su imaginación?

Alguien debe tener suficiente valentía para denunciar todo aquello que hunde y destruye. ¿Por qué ser razonables con acciones solapadas para acabar con nuestro futuro? El Profeta Bíblico no lo fue. Atacó y denunció, amenazó sin tregua.

Ser civilizado no significa ser ciego a lo que va a destruir nuestro futuro. Todo el legado cultural de la humanidad está ahora en nuestras manos. ¿Vamos a dejar que agentes de muerte acaben con él? En todos los campos puede haber alguien que busca destruir. No toda tecnología es buena. No toda ciencia promueve al hombre. No todo avance respeta la naturaleza.

¿Cómo empezar a limpiar nuestro entorno de semillas de muerte? Quizás debamos abrir bien los ojos y empezar con lo que tenemos cerca, con nuestras propias actitudes dañinas hacia otros, con situaciones cercanas que lastiman.

FORMACIÓN PROFESIONAL

Un elemento importante para alcanzar el profesionalismo en nuestro trabajo es la preparación que tenemos para hacerlo. Con lo que entramos al campo de la educación, ese proceso por el cual se desarrollan y se perfeccionan las aptitudes de alguien preparándolo así para ser parte de la fuerza de trabajo que va a dar forma a una cultura, a una civilización.

Cada uno de nosotros es responsable de prepararse lo mejor posible para las tareas que va a desempeñar, el profesionalismo lo exige. El verdadero profesional se actualiza constantemente manteniéndose al día con el progreso en su campo de actividad. La educación es un proceso constante que nos da los instrumentos para poder seguir entregando nuestro mejor producto al paso de los años.

En este ámbito también se encuentra nuestra responsabilidad de formar a las nuevas generaciones para seguir adelante con la creación de nuestra cultura. Entregar en sus manos el legado de los siglos y el entusiasmo por desarrollarlo aun más para forjar nuevos horizontes que generaciones pasadas ni siquiera soñaron.

Leamos en este contexto la familiar escena de Jesús entre los doctores:

> Cuando cumplió doce años, sus padres subieron como de costumbre a la fiesta y al regresar, pasados los días, el niño Jesús se quedó en Jerusalén, sin saberlo sus padres. Pero creyendo que estaría en la caravana, hicieron un día de camino, y le buscaban entre los parientes y conocidos; pero al no encontrarlo, se volvieron a Jerusalén en su busca.
>
> Al cabo de tres días, lo encontraron en el Templo sentado en medio de los maestros, escuchándoles y preguntándoles; todos los que le oían, estaban asombrados por su inteligencia y sus respuestas.
>
> (Lucas 2:42-47)

Aquí, Jesús le da prioridad a su preparación y se queda en Jerusalén atendiendo "las cosas de su Padre", como nos dice San Lucas.

El profesionalismo exige preparación. El mundo empresarial requiere de "estudiantes auténticos", gente que tome en serio su formación y que cuando llegue a solicitar un empleo cuente con las herramientas para desempeñarlo. Es triste que tantos jóvenes sientan que estudiar es una carga, un mal necesario implícito en el proceso de llegar a la edad adulta. Son demasiados los estudiantes que no ven la proyección futura de la formación que están recibiendo y su único afán parece ser "aprobar" un examen. Al parecer no se interesan en tener los datos y la pericia necesarios para desempeñar un trabajo en la sociedad que tanto necesita de gente capaz.

El gran reto para los sistemas educativos es motivar al estudiante, despertar su interés en la formación que está recibiendo y ayudarle a ver la aplicación práctica de esas materias que de otra manera serían tediosas, pero que tristemente lo son para tantos de nuestros jóvenes.

El estudiante que más disfruta sus estudios es el que aborda el estudio con interés, incluso con entusiasmo; el que investiga más allá de lo que se le exige y descubre nuevos horizontes en las materias que son parte de su formación.

EN LA PRÁCTICA:

- Encontrar en nuestro trabajo la nueva dimensión de "hacer lo que nos corresponde para crear un futuro óptimo".
- Poner nuestro corazón en las tareas que exige nuestro puesto, trabajar con diligencia.
- No permanecer indiferentes ante acciones destructivas. Si se trata de nuestras acciones, eliminarlas. Si se trata de acciones de otros, hacer lo que esté a nuestro alcance para detenerlas.
- Actualizarnos en nuestra preparación profesional.

Capítulo III

La sabiduría bíblica

La mejor forma de entender qué es la sabiduría bíblica es escuchando al rey Salomón cuando dice:

> Radiante es la Sabiduría, jamás pierde su brillo,
> fácilmente la contemplan los que la aman
> y la encuentran los que la buscan.
> Se anticipa a darse a conocer a los que la anhelan.
> Quien por ella madruga, no se fatigará,
> que a su puerta la encontrará sentada.
> Pensar en ella es la perfección de la prudencia,
> y quien por ella se desvela pronto se verá sin cuidados,
> Ella misma va por todas partes buscando a los que son dignos de ella;
> se les muestra benévola en los caminos
> y les sale al encuentro en todos sus pensamientos.
>
> (Sabiduría 6:12-16)

Aquí vemos que la actitud correcta es abrirnos a la sabiduría, sabiendo que la vamos a encontrar en nuestro camino. Sin embargo, Salomón comparte con nosotros su oración para alcanzar la Sabiduría:

> Dios de los Padres, Señor de la misericordia,
> que con tu palabra hiciste el universo, y con tu

Sabiduría formaste al hombre para que dominara
sobre los seres creados por ti,
para que rigiera el mundo con santidad y justicia,
y ejerciera el mando con rectitud de espíritu,
dame la Sabiduría que se sienta junto a tu trono,
y no me excluyas del número de tus hijos.
(Sabiduría 9:1-4)

La Sabiduría es un atributo de vital importancia en el entorno del trabajo. Constantemente tomamos decisiones, utilizamos el discernimiento en nuestro trato con otras personas y empresas, necesitamos actuar con tacto y prudencia ante nuestros clientes y proveedores. A cada paso se nos presentan circunstancias que requieren de nuestra sabiduría. Y como éste es uno de los temas más vitales en la Biblia, vamos a abrirla y a dejarnos guiar por ella al explorar este tema.

SABIDURÍA AUTÉNTICA Y SABIDURÍA EGÓLATRA

En el Antiguo Testamento se dice que las personas prudentes y cultas son personas sabias. Pero cuando se comportan con orgullo y se jactan de ser sabias, los profetas condenan esa sabiduría ególatra. Así es como la condena Jeremías:

¿Cómo dicen: "Somos sabios,
y poseemos la Ley de Yahvéh?"
Cuando es bien cierto que en mentira la ha
cambiado la pluma mentirosa de los escribas.
Los sabios pasarán vergüenza,
serán abatidos y presos.

> He aquí que han desechado la palabra de Yahvéh,
> y su sabiduría ¿de qué les sirve?
>
> (Jeremías 8:8-9)

En la actualidad, tenemos a nuestro alcance muchas oportunidades de prepararnos en el campo profesional. La "sabiduría" que podemos alcanzar es considerable. El nivel de especialización en el mundo actual alcanza cada vez mayores alturas. Estamos desarrollando ese potencial divino que es innato, y al hacerlo podemos transformar nuestro mundo, servir a nuestros semejantes y alcanzar altos niveles de profesionalismo.

Pero también es cierto que si ponemos nuestras destrezas y capacidades al servicio de fuerzas contrarias a la vida, ¿de qué nos sirve? Hay gente que se hace rica engañando, mintiendo, destruyendo. Pero existen riquezas personales y sociales más valiosas que lo material y que se ganan con el trabajo honesto y respetuoso de otros. La honestidad y el trabajo bien hecho también nos van a reportar ganancias materiales, y bien merecidas. ¿Para qué corrompernos con el único fin de conseguir más dinero?

San Pablo nos habla de la Sabiduría en su Primera Epístola a los Corintios:

> Sin embargo hablamos de sabiduría entre los perfectos, pero no de sabiduría de este mundo ni de los príncipes de este mundo, que se van debilitando; sino que hablamos de una sabiduría de Dios, misteriosa, escondida, destinada por Dios desde antes de los siglos para gloria nuestra, desconocida de todos los príncipes de este mundo —pues de haberla

> conocido no hubieran crucificado al Señor de la Gloria—. Más bien, como dice la Escritura, anunciamos: *lo que ni el ojo vio, ni el oído oyó, ni al corazón del hombre llegó, lo que Dios preparó para los que le aman.*
>
> (1 Corintios 2:6-9)

San Pablo señala la diferencia entre la sabiduría de los "príncipes", los poderosos del mundo que condenan a los verdaderos sabios, y la sabiduría "destinada por Dios para gloria nuestra", una sabiduría que da al ser humano una nueva dimensión que supera todo lo que se ha visto y oído. Ese es el futuro que Dios quiere para el hombre, no un futuro de muerte y desolación. Nos corresponde actuar con "sabiduría" para forjar ese futuro. Cada uno de nosotros, en el lugar donde está, desempeñando el papel que ha asumido en la sociedad, puede dar impulso a ese futuro. Día con día, en cada acción que realicemos, en cada decisión que tomemos, en cada actitud hacia otros y hacia el trabajo en sí, estamos construyendo ese futuro.

EL DON DE LA SABIDURÍA

Siempre se ha considerado que una habilidad extraordinaria es sabiduría. La Biblia la considera un don que Dios otorga a reyes, profetas, artífices, labradores y médicos, como podemos ver en los siguientes ejemplos:

En el Primer Libro de los Reyes vemos cómo el Rey Salomón recibe el don de la sabiduría de manos de Dios:

> Concede, pues, a tu siervo un corazón que entienda para juzgar a tu pueblo, para discernir entre el bien

> y el mal, pues ¿quién será capaz de juzgar a este pueblo tuyo tan grande? Agradó a Yahvéh esta súplica de Salomón, y le dijo Dios: "Porque has pedido esto y en vez de pedir para ti larga vida, riquezas o la muerte de tus enemigos, has pedido discernimiento para saber juzgar, cumplo tu ruego y te doy un corazón sabio e inteligente como no lo hubo antes de ti ni lo habrá después. También te concedo lo que no has pedido, riquezas y gloria, como no tuvo nadie entre los reyes".
>
> (1 Reyes 3:9-13)

En el Libro de Daniel leemos sobre los jóvenes hebreos en la corte de Nabucodonosor, rey de Babilonia:

> El rey mandó a Aspenaz, jefe de los eunucos, tomar algunos jóvenes, sin defecto corporal, de buen parecer, diestros en toda sabiduría, cultos e inteligentes, idóneos para servir en la corte del rey, con el fin de enseñarles la escritura y la lengua de los caldeos... Entre ellos se encontraban Daniel, Ananás, Misael y Azarías, que eran judíos... A estos cuatro jóvenes les concedió Dios ciencia e inteligencia en toda clase de letras y sabiduría. Particularmente, Daniel poseía el discernimiento de visiones y sueños.
>
> (Daniel 1:3-4,6,17)

En el Libro del Éxodo, Dios habla con Moisés y le dice:

> Harás para Aarón vestiduras sagradas, que le den majestad y esplendor. Hablarás con todos los artesanos hábiles a quienes he llenado del espíritu de

> sabiduría; ellos harán las vestiduras de Aarón para que sea consagrado sacerdote mío.
>
> (Éxodo 28:2-3)

Y en el Eclesiástico leemos sobre la sabiduría del médico:

> Da al médico, por sus servicios,
> los honores que merece,
> que también a él le creó el Señor.
> Pues del Altísimo viene la curación,
> como una dádiva que del rey se recibe.
> La ciencia del médico realza su cabeza,
> y ante los grandes se le admira.
> El Señor puso en la tierra medicinas,
> el varón prudente no las desdeña.
> ¿No fue el agua endulzada con un leño
> para que se conociera su virtud?
> Él mismo dio a los hombres la ciencia
> para que se gloriaran en sus maravillas.
> Con ellas cura él y quita el sufrimiento,
> con ellas el farmacéutico hace mixturas.
> Así nunca se acaban sus obras,
> y de él viene la paz sobre la faz de la tierra.
>
> (Eclesiástico 38:1-8)

El Profeta Isaías nos habla del esperado Mesías-rey, lleno del espíritu de sabiduría:

> Saldrá un vástago del tronco de Jesé, y un retoño de sus raíces brotará. Reposará sobre él el espíritu de Yahvéh: espíritu de sabiduría e inteligencia, espíritu de consejo y fortaleza, espíritu de ciencia y temor de Yahvéh.
>
> (Isaías 11:1-2)

En todos estos ejemplos, Dios llena de sabiduría a cada individuo para que desempeñe su papel en la sociedad y en su entorno familiar. Hoy nosotros enfrentamos circunstancias muy específicas y el papel que debemos desempeñar también requiere de "sabiduría". Las citas bíblicas que se incluyen aquí pueden guiarnos, y a la luz de lo que aprendamos en ellas, podrán enriquecerse nuestras actitudes en el área del trabajo y en la vida cotidiana.

CÓMO ADQUIRIR SABIDURÍA

En la Epístola de Santiago leemos:

> Si alguno de ustedes está falto de sabiduría que la pida a Dios, que da a todos generosamente y sin echarlo en cara, y se la dará. Pero que la pida con fe, sin vacilar; porque el que vacila es semejante al oleaje del mar, movido por el viento y llevado de una a otra parte.
>
> (Santiago 1:5-6)

En el Libro de los Proverbios, el hombre sabio no es sólo un experto en un oficio o profesión, sino que es "sabio" en todos sentidos; en la vida cotidiana y en su integridad y piedad. La sabiduría puede adquirirse mediante buena voluntad y disciplina; la enseñan a los jóvenes sus padres y maestros, pero también es inspirada por Dios.

Se nos dice que el principio de la sabiduría es el temor de Dios. Entendemos "temor de Dios" como respeto reverencial ante la majestad divina. Esta actitud es la cuna del sentimiento religioso, no es un temor a un ser amenazante ni a un Dios vengador.

En la introducción del Libro de los Proverbios, el rey Salomón dice:

Para aprender sabiduría e instrucción,
para entender los discursos profundos,
para alcanzar instrucción y perspicacia,
justicia, equidad y rectitud,
para enseñar a los simples la prudencia,
a los jóvenes la ciencia y reflexión,
para descifrar proverbios y enigmas,
los dichos de los sabios y sus adivinanzas.
Que atienda el sabio y crecerá en doctrina,
y el inteligente aprenderá a hacer proyectos.
El temor de Yahvéh es el principio de la ciencia;
los necios desprecian la sabiduría y la instrucción.
(Proverbios 1:1-7)

Este texto desglosa lo que significa alcanzar la sabiduría. Menciona elementos como la "instrucción". En nuestro mundo moderno, las oportunidades de capacitarnos y aprender cada vez más sobre nuestro trabajo son múltiples. Esa es una forma de alcanzar la sabiduría. Además de la "instrucción" se requiere perspicacia, es decir inteligencia, ingenio, facilidad para comprender las cosas. Además, abarca virtudes como la justicia y la equidad, para dar a cada uno lo que le corresponde, y la rectitud que nos guía a cada paso como una norma de conducta.

Además de la ciencia que se aprende en un salón de clases o en un laboratorio, la sabiduría nos pide "reflexión", no actuar de improviso ante las circunstancias, sino reflexionar para poder llegar a una decisión adecuada. Y para lograr todo esto hay que "atender", estar pendientes de todo aquello que nos enseñe a ser "sabios".

FRUTOS DE LA SABIDURÍA

En el Antiguo Testamento, los frutos de la sabiduría son bienes terrenales, pero también recibe la bendición y el beneplácito de Dios. Entre las virtudes del hombre sabio están la templanza, la castidad, la diligencia, la caridad, la justicia, la mansedumbre y el dominio de sí mismo. Lo contrario a ellas es "necedad", que viene a ser lo mismo que maldad.

Aquí vemos que no se trata de una sabiduría que es exclusivamente acopio de datos; el sabio no es una enciclopedia viviente que lo sabe todo, sino una persona con virtudes que la hacen valiosa para el grupo con el que colabora.

¿Cómo se viven esas virtudes en este mundo moderno? Templanza es moderación en cuanto a los placeres de los sentidos. Es disfrutar las cosas con inteligencia, sin esclavizarse a ellas. Todos podemos entender que no es sabio caer en vicios, tampoco es sano. Así que la templanza es la sabiduría de disfrutar los placeres de la vida con inteligencia, con moderación.

Al hablar de castidad hablamos de una vida sexual sana, de fidelidad a la pareja. Actuar con sabiduría en este campo es respetar nuestra propia integridad y la de otros. ¿Cuánto ha sufrido esta sociedad a consecuencia de la "necedad" de hombres y mujeres en lo relativo al sexo? Hemos sufrido las angustias de la infidelidad, la inseguridad de los celos y el riesgo de enfermedades. No es sabio rebasar los límites del respeto a uno mismo y a su pareja, no es sabio ignorar normas morales que de seguirlas nos protegerían.

Ya hemos hablado de diligencia; la persona sabia trabaja en serio, es cuidadosa, se fija en los detalles. Como resultado tiene éxito, se le reconoce, progresa en su profesión. Sabemos que es insensato fingir que uno trabaja, perder el tiempo y luego cobrar un sueldo. Es una especie de juego absurdo en que se gasta tanta energía como se gastaría simplemente haciendo lo que se tiene que hacer. Si alguien muestra interés por su trabajo y lo hace con diligencia, va a disfrutarlo y va a progresar en él. Es fácil ver que es sabio ser diligente.

Al hablar de caridad hablamos del sentimiento y actitud que nos impulsa a interesarnos en los demás, a quererlos y ayudarlos. Esta es una actitud sabia y sana hacia otros. Con ella, una persona adquiere un lugar superior entre sus compañeros. Cualquier grupo humano en donde esta actitud se cultive será un grupo sano y próspero. Las actitudes contrarias nos han dado grupos destruidos, gente ofendida, fracasos a nivel personal, profesional o incluso a nivel de empresas completas. Es sabio cultivar esta actitud; nos abre caminos, nos gana amigos.

La práctica de la justicia implica gran sabiduría. No es fácil darle a cada quien lo que le corresponde o le pertenece por ser quien es, por sus méritos o por sus actos. Se requiere sabiduría para discernir con claridad lo que es justo para cada quien. Salomón le pidió a Dios sabiduría para poder ser justo y su justicia ha sido legendaria.

Al hablar de mansedumbre hablamos de personas tranquilas y pacíficas. También de quienes en su momento pueden tener una actitud sumisa. Es sabio saber cuándo debe uno someterse a las órdenes y decisiones de otro y hacerlo sin quejarse ni ofenderse. Los sabios son tranquilos; es la tranquilidad que brota de la certeza de lo que uno es y de lo que sabe. No es necesario inquietarse o alterar a otros si uno sabe lo que está haciendo y por qué lo está haciendo. El hombre sabio crea un entorno de paz. Si hubiera más sabiduría en los poderosos de la Tierra, habría menos guerras y menos dolor en las naciones. Incluso en los ambientes de trabajo, la gente insensata es la que crea conflictos. Es absurdo alterar la paz, ¿qué se gana con eso? Si es urgente reclamar por algo, adoptemos una actitud de justicia para exigirlo, lo que no necesariamente altera la paz. Un ambiente de paz propicia el progreso, ayuda al desarrollo y las personas son libres para crear sin límites. Es sabio fomentar la paz.

La persona sabia tiene dominio de sí misma. Si necesita mostrar desacuerdo, lo hace inteligentemente. Como no pierde el control, logra lo que quiere con más facilidad. Como dice el dicho: "todo con medida".

En la Epístola de Santiago leemos:

> En cambio la sabiduría que viene de lo alto es en primer lugar pura, además pacífica y complaciente, dócil, llena de compasión y buenos frutos, imparcial, sin hipocresía. Frutos de justicia se siembran en la paz para los que procuran la paz.
>
> (Santiago 3:17-18)

LA SABIDURÍA DE CRISTO

Los evangelios nos muestran constantemente la sabiduría

de Cristo. San Marcos nos habla de la reacción de la gente de Nazareth cuando Jesús enseñó en la sinagoga:

> Cuando llegó el sábado se puso a enseñar en la sinagoga. La multitud, al oírle, quedaba maravillada y decía: "¿De dónde le viene esto? Y ¿qué sabiduría es ésta que le ha sido dada? ¿Y esos milagros hechos por sus manos? ¿No es éste el carpintero, el hijo de María y hermano de Santiago y José, Judas y Simón?"
>
> (Marcos 6:2-3)

Y en cada página del Evangelio vemos esa sabiduría, en sus enseñanzas y en sus acciones. Por ejemplo, cuánta sabiduría encierran estas palabras de Jesús:

> Ustedes son la sal de la tierra. Mas si la sal se desvirtúa, ¿con qué se la salará? Ya no sirve para nada, más que para tirarla afuera y ser pisoteada por los hombres.
>
> Ustedes son la luz del mundo. No puede estar oculta una ciudad situada en la cima de un monte. Ni tampoco se enciende una lámpara para ponerla debajo del celemín, sino sobre el candelero, para que alumbre a todos los que están en la casa. Brille así su luz delante de los hombres para que vean sus buenas obras y glorifiquen a su Padre que está en los cielos.
>
> (Mateo 5:13-16)

Estas son imágenes de la sabiduría cristiana, del discípulo de Cristo que es "la sal de la tierra" en su entorno social, que es "la luz del mundo" donde quiera que vaya.

También las parábolas de Jesús están llenas de sabiduría práctica:

El tesoro escondido:
El Reino de los Cielos es semejante a un tesoro escondido en un campo que, al encontrarlo un hombre, lo vuelve a esconder y, por la alegría que le da, va, vende todo lo que tiene y compra el campo aquel.

(Mateo 13:44)

La oveja perdida:
¿Qué les parece? Si un hombre tiene cien ovejas y se le descarría una de ellas, ¿no dejará en los montes a las noventa y nueve, para ir en busca de la descarriada? Y si llega a encontrarla, os digo de verdad que tiene más gozo por ella que por las noventa y nueve no descarriadas. De la misma manera, no es voluntad de vuestro Padre celestial que se pierda uno de estos pequeños.

(Mateo 18:12-14)

El buen samaritano:
Pero él [un legista], queriendo justificarse, dijo a Jesús: "Y ¿quién es mi prójimo?" Jesús respondió: "Bajaba un hombre de Jerusalén a Jericó, y cayó en manos de salteadores que, después de despojarle y golpearle, se fueron dejándole medio muerto. Casualmente, bajaba por aquel camino un sacerdote y, al verle, dio un rodeo. De igual modo, un levita que pasaba por aquel sitio le vio y dio un rodeo. Pero un samaritano que iba de camino llegó junto a

> él, y al verle tuvo compasión; y acercándose, vendó sus heridas, echando en ellas aceite y vino; y montándole sobre su propia cabalgadura le llevó a una posada y cuidó de él. Al día siguiente, sacando dos denarios, se los dio al posadero y dijo: 'Cuida de él y si gastas algo más, te lo pagaré cuando vuelva.' ¿Quién de estos tres fue prójimo del que cayó en manos de salteadores?" Él dijo: "El que tuvo misericordia de él". Le dijo Jesús: "Vete y haz tú lo mismo".
>
> (Lucas 10:29-37)

Otros ejemplos de la sabiduría en las palabras de Jesús:

> Luego llamó a la gente y les dijo: "Escuchen y entiendan. No es lo que entra en la boca lo que hace impuro al hombre; sino lo que sale de la boca, eso es lo que hace impuro al hombre"... "Porque de dentro del corazón salen las intenciones malas, asesinatos, adulterios, fornicaciones, robos, falsos testimonios, injurias. Eso es lo que hace impuro al hombre; el comer sin lavarse las manos no hace impuro al hombre".
>
> (Mateo 15:10-20)

La sabiduría en las acciones de Jesús:

> **Curación del hombre de la mano paralizada**
>
> Entró de nuevo en la sinagoga, y había allí un hombre que tenía la mano paralizada. Estaban al acecho a ver si le curaba en sábado para poder acusarle. Dice al hombre que tenía la mano paralizada: "Levántate ahí en medio". Y les pregunta: "¿Es lícito

en sábado hacer el bien en vez del mal, salvar una vida en vez de destruirla?" Pero ellos callaban. Entonces, mirándolos con ira, apenado por la dureza de su cabeza, dice al hombre: "Extiende la mano", él la extendió y quedó restablecida su mano. En cuanto salieron los fariseos, se confabularon con los herodianos contra él para ver cómo eliminarle.

(Marcos 3:1-6)

Zaqueo

Habiendo entrado en Jericó atravesaba la ciudad. Había un hombre llamado Zaqueo, que era jefe de publicanos, y rico. Trataba de ver quién era Jesús, pero no podía a causa de la gente, porque era de pequeña estatura. Se adelantó corriendo y se subió a un sicómoro para verle, pues iba a pasar por allí. Y cuando Jesús llegó a aquel sitio, alzando la vista le dijo: "Zaqueo, baja pronto porque conviene que hoy me quede yo en tu casa". Se apresuró a bajar y le recibió con alegría. Al verlo, todos murmuraban diciendo: "Ha ido a hospedarse a casa de un hombre pecador". Zaqueo, puesto en pie dijo al Señor: "Daré, Señor, la mitad de mis bienes a los pobres; y si en algo defraudé a alguien le devolveré el cuádruplo". Jesús le dijo: "Hoy ha llegado la salvación a esta casa, porque también éste es hijo de Abraham, pues el Hijo del hombre ha venido a buscar y salvar lo que estaba perdido".

(Lucas 19:1-10)

La mujer adúltera

Los escribas y fariseos le llevan a una mujer sor-

> prendida en adulterio, la ponen en medio y le dicen: "Maestro, esta mujer ha sido sorprendida en flagrante adulterio. Moisés nos mandó en la Ley apedrear a estas mujeres. ¿Tú qué dices?". Esto lo decían para tentarle, para tener de qué acusarle. Pero Jesús, inclinándose, se puso a escribir con el dedo en la tierra. Pero, como ellos insistían en preguntarle, se incorporó y les dijo: "Aquel que esté sin pecado, que arroje la primera piedra". E inclinándose de nuevo, escribía en la tierra. Al oír estas palabras, se iban retirando uno tras otro, comenzando por los más viejos; y se quedó solo Jesús con la mujer, que estaba delante. Incorporándose Jesús le dijo: "Mujer, ¿dónde están? ¿Nadie te ha condenado?" Ella respondió: "Nadie, Señor". Jesús le dijo: "Tampoco yo te condeno. Vete, y en adelante no peques más".
>
> (Juan 8:1-11)

Sólo tenemos que abrir nuestros Evangelios y leer. Esa lectura se convertirá en una contemplación de la sabiduría de las acciones y palabras de Jesús. Él tenía una misión que cumplir, un mensaje que dar. Pero se enfrentó a un mundo hostil que lo único que quería era destruirlo. Cristo acepta la muerte antes que renunciar a su misión. Y su mensaje ha llegado hasta nosotros a través de siglos de oposición por parte de sus adversarios declarados y de actitudes erráticas incluso entre sus seguidores. El mensaje de Cristo parece seguirse enfrentando a las tinieblas de un mundo cuyos valores se pierden en el ansia del progreso material. Una vez más, tomemos a la Biblia como nuestra guía y empecemos a actuar con la sabiduría necesaria para ser esa luz del mundo que nos describe Jesús.

San Pablo, en su Epístola a los Efesios nos dice:

> No ceso de dar gracias por ustedes recordándolos en mis oraciones, para que el Dios de nuestro Señor Jesucristo, el Padre de la gloria, les conceda espíritu de sabiduría y de revelación para conocerle perfectamente; iluminando los ojos de vuestro corazón para que conozcan cuál es la esperanza a que han sido llamados por Él.
>
> (Efesios 1:16-18)

Y para terminar, leamos un texto del Libro de los Proverbios:

> Dichoso el hombre que ha encontrado la sabiduría
> y el hombre que alcanza la prudencia;
> más vale su ganancia que la ganancia de plata,
> su renta es mayor que la del oro.
> Más preciosa es que las perlas,
> nada de lo que amas se le iguala.
> Largos días en su derecha, y en su izquierda
> riqueza y gloria.
> Sus caminos son caminos de dulzura
> y todas sus sendas bienestar.
> El árbol de vida para los que a ella están asidos,
> felices son los que la abrazan.
>
> (Proverbios 3:13-18)

La sabiduría será nuestra garantía para el éxito de nuestras actividades y proyectos. Teniéndola en cuenta, hagamos planes, fijemos metas, programemos cada paso necesario para lograrlas y avancemos hacia la creación de un futuro que sea digno del Hombre y de su Creador.

EN LA PRÁCTICA:

- Ser sabios para disfrutar la vida sin excesos, sin esclavizarnos a ningún placer.
- Ser sabios en nuestras relaciones de pareja, respetando nuestras promesas.
- Trabajar honesta y diligentemente, con la sabiduría de la responsabilidad.
- Tener hacia otros la sabia actitud de mostrarles interés, de apreciarlos y ayudarles. Tratarlos con justicia.
- Cultivar la paz a nuestro alrededor.

Capítulo IV

Actitud positiva

Una actitud positiva ante la vida es la fórmula mágica que puede transformar las circunstancias más difíciles en algo que se puede resolver y superar. En todo grupo o empresa es importante cultivar entre sus miembros actitudes positivas hacia los demás y hacia el grupo en sí.

Por el contrario, una actitud negativa o destructiva es un obstáculo en el logro de sus metas. Ahí radica la importancia de cultivar actitudes positivas en nuestro ambiente de trabajo.

La Biblia seguirá guiándonos en nuestra búsqueda de un mejor ambiente de trabajo que nosotros mismos podamos construir.

Al explorar la Biblia, descubrimos actitudes positivas que se pueden aplicarse a nuestras circunstancias en el mundo actual. Las encontramos como "virtudes".

LAS VIRTUDES EN LOS TEXTOS BÍBLICOS

En el Apocalipsis de San Juan se mencionan la caridad, la fe, el espíritu de servicio y la paciencia en el sufrimiento:

> Escribe el Ángel de la Iglesia de Tiatira: Esto dice el Hijo de Dios, cuyos ojos son como llama de fuego y cuyos pies parecen de metal precioso: Conozco tu

> conducta, tu caridad, tu fe, tu espíritu de servicio, tu paciencia en el sufrimiento.
>
> (Apocalipsis 2:18-19).

En la Segunda Epístola de San Pablo a los Corintios leemos:

> Nos presentamos en todo como ministros de Dios; con mucha constancia en tribulaciones... en pureza, ciencia, paciencia, bondad... en caridad sincera, en la palabra de verdad, en el poder de Dios; mediante las armas de la justicia; las de la derecha y las de la izquierda, en gloria e ignominia, en calumnia y en buena fama; tenidos por impostores, siendo veraces; como desconocidos, aunque bien conocidos; como quienes están a la muerte, pero vivos; como castigados, aunque no condenados a muerte; como tristes, pero siempre alegres; como pobres, aunque enriquecemos a muchos... como quienes nada tienen, aunque todo lo poseemos.
>
> (2 Corintios 6:4-10)

En la Epístola a Timoteo, San Pablo recomienda:

> Tú, en cambio, hombre de Dios..., corre al alcance de la justicia, de la piedad, de la fe, de la caridad, de la paciencia en el sufrimiento, de la dulzura.
>
> (1 Timoteo 6:11)

En la Segunda Epístola de San Pedro leemos:

> Por esta misma razón, pongan el mayor empeño en añadir a su fe la virtud, a la virtud el conocimiento,

> al conocimiento la templanza, a la templanza la paciencia en el sufrimiento, a la paciencia en el sufrimiento la piedad, a la piedad el amor fraterno, al amor fraterno la caridad. Pues si tienen estas cosas y las tienen en abundancia, no se les dejará inactivos ni estériles para el conocimiento perfecto de nuestro Señor Jesucristo.
>
> (2 Pedro 1:5-8)

Y en la Epístola de San Pablo a los Gálatas encontramos:

> En cambio, el fruto del espíritu es amor, alegría, paz, paciencia, afabilidad, bondad, fidelidad, mansedumbre, templanza; contra tales cosas no hay ley.
>
> (Gálatas 5:22-23)

Tomando en cuenta estos textos, podríamos decir que una actitud positiva en el área del trabajo incluiría cualidades como:

ESPÍRITU DE SERVICIO

Esta es una actitud muy constructiva en cualquier grupo humano. Una actitud de servicio entre compañeros de trabajo crea un ambiente de cooperación y ayuda mutua, lo que tiene como resultado un trabajo más eficiente. Además, cada uno de los miembros de ese equipo de trabajo disfrutará sus actividades mucho más si sabe que siempre cuenta con sus compañeros.

En relación a los clientes, el espíritu de servicio es vital. Se ha comprobado que la gente compra más en un establecimiento donde se le atiende con espíritu de servicio, que en uno donde los vendedores son hoscos en su trato o se muestran malhumorados, impacientes o con prisa. El buen vendedor busca darle un verdadero servicio al cliente, no sólo trata de venderle algo —útil o no para él—. Este tipo de vendedor no tiene en cuenta las necesidades o preferencias del posible cliente. El cliente que se ve defraudado con este tipo de ventas se pone a la defensiva ante cualquier vendedor futuro. Es un cliente difícil que ahora no quiere que se le acerque ningún vendedor, pues siente que no se toman en cuenta sus preferencias ni sus opiniones y que el vendedor sólo quiere vender a toda costa.

El espíritu de servicio es una actitud constructiva que podemos cultivar. Hay que aprender a disfrutar el hecho de prestar un servicio a alguien, de darle una mano cuando necesite ayuda o apoyo.

PACIENCIA

Se trata de una actitud muy positiva en el trabajo diario. Ser paciente es darle al otro la oportunidad de hablar, de exponer lo que siente, de hacer las preguntas que necesita y dedicarle el tiempo necesario para resolver su situación de modo que se sienta atendido. Ser paciente es atender sin prisas las llamadas telefónicas que se reciben. Darle a esa persona un minuto de nuestro tiempo sin que sienta que nos está interrumpiendo o molestando. Ser paciente es explicar a nuestros subordinados lo que requerimos de ellos de tal manera que lo entiendan bien y que se sientan seguros al llevar a cabo las tareas que les encomendamos.

Ser paciente es corregir los errores de otros con una actitud constructiva: se corrige el error, no se ataca a la persona. No queremos hacerla sentir mal, queremos que sea más hábil, más capaz.

Incluso debemos ser pacientes con nosotros mismos al corregir los errores que cometemos. Es importante estudiar la situación y aprender de nuestros errores. Se trata de crecer y desarrollarnos en el puesto que se nos ha encomendado, no de martirizarnos si llegamos a cometer un error.

CONSTANCIA EN LAS DIFICULTADES

Ningún trabajo está exento de problemas y una actitud positiva ante ellos es la constancia. No dejarse vencer por las dificultades, enfrentarlas, resolverlas de la mejor manera posible. Detectarlas a tiempo para poder resolverlas sin que se cause demasiado daño ni a la empresa ni a las personas involucradas. Una dificultad detectada a tiempo puede resolverse con mayor facilidad que cuando ésta ha adquirido dimensiones que superan la posibilidad de una solución y que requiere medidas drásticas. Una actitud positiva ante las dificultades es no tenerles miedo, sino enfrentarlas y resolverlas.

ALEGRÍA

En la Biblia encontramos muchos textos sobre la alegría. Por ejemplo, en el Libro de los Proverbios:

> El corazón alegre mejora la salud;
> el espíritu abatido seca los huesos.
>
> (Proverbios 17:22)

La alegría es tan positiva que nos ayuda a tener buena salud. Incluso se ha dicho que la risa "cura". Como leemos en el Eclesiástico:

> No entregues tu alma a la tristeza,
> ni te atormentes con tus cavilaciones.
> La alegría del corazón es la vida del hombre,
> el regocijo del varón, prolongación de sus días.
> Ama a tu alma y consuela tu corazón,
> echa lejos de ti la tristeza;
> que la tristeza perdió a muchos,
> y no hay en ella utilidad.
> Envidia y malhumor los días acortan,
> las preocupaciones traen la vejez antes de tiempo.
> Un corazón radiante viene bien en las comidas,
> lo que come le aprovecha.
>
> (Eclesiástico 30:22-27)

Un ambiente de alegría es una verdadera riqueza. A partir de él se puede construir todo un mundo de progreso, de creatividad, de imaginación. Los niños lo necesitan para crecer, los estudiantes lo necesitan para aprender y para sentirse bienvenidos en el mundo adulto, los adultos lo necesitan para desempeñarse en la sociedad y para crear nuestro futuro, los adultos mayores lo necesitan para sentirse acogidos y reconocidos por las nuevas generaciones.

De todos modos necesitamos trabajar, ¿por qué no hacerlo con gusto? Esto es lo que San Pablo nos dice al respecto:

> El que da, que lo haga con sencillez; el que preside, con solicitud; el que ejerce la misericordia, con jovialidad.
>
> (Romanos 12:8)

VERACIDAD

Esta cualidad no es sólo una actitud positiva, es un elemento de vital importancia para el buen funcionamiento de una empresa. La mentira es fuente de dificultades entre compañeros de trabajo, entre jefes y subordinados. Y se convierte en fraude cuando la empresa llega a engañar al consumidor.

La actitud positiva en el trato comercial es la veracidad; las buenas relaciones entre personas, entre empresas y hacia el público consumidor se basan en la veracidad. Es muy sano no tener nada que ocultarle a nadie, y lo saben muy bien quienes que se han dejado atrapar por un ambiente de mentira y han vivido huyendo o escondiéndose.

En el Eclesiástico leemos:

> Proponte no decir mentira alguna,
> porque persistir en ello no lleva a nada bueno.
>
> (Eclesiástico 7:13)

CAPACIDAD DE ENRIQUECER A OTROS

Esta es una realidad de la que no todos nos damos cuenta. Hay personas que no están conscientes de su capacidad para enriquecer a otros, pero todos la tenemos. ¡Cuánto nos enriquece la sonrisa de un bebé! ¡Y cuánto lo enriquece a él el que le demostremos que nos ha enriquecido!

A otro nivel, cada uno de nosotros tiene esta capacidad. En algo tan sencillo como saludar con una sonrisa, hasta algo tan serio como desempeñar nuestro trabajo de tal manera que a nuestros compañeros les sea más fácil desempeñar el suyo, y la empresa logre así entregar al público el producto o servicio para lo que fue creada.

Si entendemos lo que nuestro producto hace por el consumidor, y si nos damos cuenta de que hace algo positivo por él, de que realmente lo enriquece, tendremos una fuerte motivación para hacer bien nuestro trabajo. Otros se benefician directa o indirectamente con lo que hacemos. Cada acción, sin importar lo rutinaria o común que parezca, es un granito de arena para dar forma a un producto o servicio que, al entregarlo la empresa para la que trabajamos, enriquece a otros.

PRUDENCIA

Parte de esa actitud positiva sería la prudencia, que podría definirse como "cuidado y reflexión al hacer o considerar las cosas, evitando así cualquier posible daño o peligro". La Enciclopedia de la Biblia (Tomo 5, página 1324), describe la prudencia como "el recto discernimiento para obrar en cada caso concreto, según lo exigen las circunstancias, en conformidad con la recta razón y la ley divina... una cualidad que participa de la inteligencia y del buen sentido práctico".

Veamos ahora varios ejemplos de prudencia en el Antiguo Testamento:

En este primer ejemplo, José sugiere al Faraón de Egipto una política prudente y previsora cuando el Faraón le pide que le interprete sus sueños. El sueño del Faraón significa que habrá siete años de abundancia seguidos de siete años de hambre. Este es el consejo de José al Faraón:

> "Ahora pues, fíjese Faraón en algún hombre inteligente y sabio, y póngalo al frente de Egipto. Hágalo así Faraón: ponga encargados frente al país y exija

> el quinto a Egipto durante los siete años de abundancia. Ellos recogerán todo el comestible de esos años buenos que vienen, almacenarán el grano a disposición del Faraón en las ciudades, y lo guardarán. De esta forma quedarán registradas las reservas de alimento del país para los siete años de hambre que habrá en Egipto, y así no perecerá el país de hambre".
>
> (Génesis 41:33-35)

Después de esto, el Faraón elige a José como su administrador. Leemos en el Génesis:

> Tenía José treinta años cuando compareció ante Faraón, rey de Egipto, y salió José delante del Faraón y recorrió todo Egipto. La tierra produjo con profusión durante los siete años de abundancia y él hizo acopio de todos los víveres de los siete años en que hubo hartura en Egipto poniendo en cada ciudad los víveres de la campiña circundante. José recolectó grano como la arena del mar, una enormidad, hasta tener que desistir de contar porque era innumerable.
>
> (Génesis 41:46-49)

Aquí la prudencia de un hombre trajo prosperidad a todo un país. Además de tener el don de Dios de interpretar los sueños, José tuvo que actuar con responsabilidad; organizó a los agricultores de todo un país y se mantuvo firme en la política que había marcado.

El Eclesiástico nos aconseja la prudencia en estas palabras:

Sin consejo no hagas nada,
y no te arrepentirás de tus acciones.
Por caminos escabrosos no vayas,
y no tropezarás con piedras.
No confíes en camino inexplorado,
y de tus hijos guárdate.
En todos tus actos vela sobre ti,
que esto es también guardar los mandamientos.
(Eclesiástico 32:19-23)

Al tomar decisiones, es importante no correr demasiados riesgos. Este consejo de la Biblia nos da un punto de vista muy realista sobre las actividades humanas. Vemos la importancia de tener buenos asesores y confiar en ellos. Se nos señala el peligro de "ir por caminos escabrosos", lo que implica que antes de optar por movernos en cierta dirección es prudente asegurarnos de que no nos toparemos con obstáculos que impidan el logro de nuestras metas. Aquí se nos aconseja "guardarnos de nuestros hijos", es decir de todo el mundo. Hay que saber en quién estamos confiando, pues la experiencia nos dice que incluso personas supuestamente leales pueden llegar a defraudarnos.

En el Nuevo Testamento leemos los consejos y parábolas de Jesús relacionadas con la prudencia, como cuando nos habla del varón prudente que edifica su casa sobre roca, cuando nos aconseja que seamos "prudentes como las serpientes", y cuando nos narra la parábola de las vírgenes prudentes. Escuchemos estas palabras de Jesús:

> Así pues, todo el que oiga estas palabras mías y las ponga en práctica, será como el hombre prudente que edificó su casa sobre roca: cayó la lluvia, vinieron los torrentes, soplaron los vientos y embistieron contra aquella casa; pero ella no cayó, porque estaba cimentada sobre roca.
>
> (Mateo 7:24-27)

Este consejo se refiere a nuestra actitud ante el mensaje de Cristo. Nos promete que escuchándolo caminaremos por la vida sin riesgos. Su mensaje nos dará una fuerza tal que resistiremos todos los embates. Y hemos visto cristianos en todas las épocas que han enfrentado las adversidades con esa fuerza.

En el siguiente texto del Evangelio de San Mateo, Jesús nos habla de las persecuciones a las que tendrán que enfrentarse sus seguidores:

> Miren que yo los envío como ovejas en medio de lobos. Sean, pues, prudentes como las serpientes y sencillos como las palomas.
>
> (Mateo 10:16)

Es interesante meditar sobre esta actitud "prudente" y "sencilla" de que habla Jesús. ¿Cómo podemos enfrentar un conflicto con la prudencia de la serpiente y la sencillez de la paloma? Quizás siendo cautelosos en nuestros movimientos, midiendo y calculando qué pasos dar, y por otra parte no complicándonos, observando con sencillez lo que tenemos que resolver sin mezclar factores que no se relacionan directamente con el problema en cuestión.

En este texto, Jesús nos habla de la recompensa a la prudencia:

> ¿Quién es, pues, el siervo fiel y prudente, a quien el señor puso al frente de su servidumbre para darle la comida a su tiempo? Dichoso aquel siervo a quien su señor, cuando llegue, encuentre haciéndolo así. Yo os aseguro que le pondrá al frente de toda su hacienda.
>
> (Mateo 24:45-47)

Este texto nos recuerda lo que hemos leído sobre la misión que tiene el hombre de "dominar" la creación, de seguir construyéndola, de crear un mundo futuro digno del Creador que se la encomendó. El papel del hombre, como ya hemos visto, es "heredar la tierra", y como su herencia y su legado, hacer de ella un mejor lugar dónde vivir. Un lugar del que el Señor pueda estar orgulloso.

Y en esta parábola, escucharemos sobre las vírgenes prudentes:

> Entonces el Reino de los Cielos será semejante a diez vírgenes, que, con su lámpara en la mano, salieron al encuentro del novio. Cinco de ellas eran necias y cinco prudentes. Las necias, en efecto, al tomar sus lámparas, no se proveyeron de aceite; las prudentes, en cambio, junto con sus lámparas tomaron aceite en las alcuzas. Como el novio tardaba, se adormilaron todas y se durmieron. Mas a media noche se oyó un grito: ¡Ya está aquí el novio! ¡Salgan a su encuentro! Entonces todas aquellas vírgenes se levantaron y arreglaron sus lámparas.

> Y las necias dijeron a las prudentes: 'Denos de su aceite, que nuestras lámparas se apagan'. Pero las prudentes replicaron: 'No, no sea que no alcance para nosotras y para ustedes; es mejor que vayan donde los vendedores y lo compren'. Mientras fueron a comprarlo, llegó el novio, y las que estaban preparadas entraron con él al banquete de boda, y se cerró la puerta. Más tarde llegaron las otras vírgenes diciendo: '¡Señor, señor ábrenos!' Pero él respondió: 'En verdad les digo que no las conozco'. Velen, pues, porque no saben ni el día ni la hora.
>
> (Mateo 25:1-13)

Una de las lecciones de esta parábola es "planificar con anticipación". En nuestras actividades de trabajo siempre es necesario tener buena planeación y no esperar solucionar las cosas en el último momento. Un buen estratega de negocios es el que sabe anticipar lo que se va a necesitar en un futuro, tenerlo y utilizarlo inteligentemente. Eso garantiza el éxito de sus proyectos.

PERSEVERANCIA

Una actitud positiva ante el trabajo es seguir adelante con un proyecto hasta terminarlo. Esto implica persistencia y responsabilidad. En la Biblia se maneja el concepto de la perseverancia.

En la Epístola de San Pablo a los Gálatas leemos:

> No nos cansemos de obrar el bien; que a su tiempo nos vendrá la cosecha si no desfallecemos.
>
> (Gálatas 6:9)

En el trabajo, siempre tenemos a la vista la "cosecha". Toda empresa o actividad humana busca un resultado y el trabajo es el medio de lograrlo. Cada uno de nosotros hace lo que le corresponde para que la actividad en que partici pamos logre el resultado deseado. Es importante que cada mano que toca ese producto durante su elaboración y hasta el momento en que se entrega al usuario final, sepa lo que se espera del producto final.

Esta persistencia en el trabajo tiene mucho que ver con la diligencia de la que hablábamos en capítulos anteriores, y es una actitud constructiva en el ambiente de trabajo. Es parte de la satisfacción que sentimos por nuestros logros.

CARIDAD

Todas estas actitudes positivas se resumen en la actitud fundamental que está presente en todas ellas: la bondad, la afabilidad... en otras palabras, la caridad sincera. Ésta es la cualidad cristiana por excelencia y la encontramos en incontables textos bíblicos.

En la Epístola de San Pablo a los Colosenses leemos:

> Y por encima de todo, revístanse de la caridad, que es el vínculo de la perfección.
>
> (Colosenses 3:14)

El capítulo 13 de la Primera Epístola de San Pablo a los Corintios es el texto clásico sobre la caridad. Muchos de nosotros lo hemos meditado en repetidas ocasiones:

> Aunque hablara las lenguas de los hombres y de los ángeles, si no tengo caridad, soy como bronce

> que suena o címbalo que retiñe. Aunque tuviera don de profecía y conociera todos los misterios y toda la ciencia; aunque tuviera plenitud de fe como para trasladar montañas, si no tengo caridad, nada soy. Aunque repartiera todos mis bienes, y entregara mi cuerpo a las llamas, si no tengo caridad, nada me aprovecha.
>
> La caridad es paciente, es servicial; la caridad no es envidiosa, no es jactanciosa, no se engríe; es decorosa, no busca su interés; no se irrita; no toma en cuenta el mal; no se alegra de la injusticia; se alegra con la verdad. Todo lo excusa. Todo lo cree. Todo lo espera. Todo lo soporta.
>
> (1 Corintios 13:1-7)

Aquí se describe la verdadera actitud positiva de un cristiano en todos los ámbitos de la vida. Podemos aplicarla también al área del trabajo, y si la vivimos como San Pablo la describe, crearemos un entorno ideal para todos. Es algo tan positivo, que podría decirse que es casi increíble. Es un ideal cristiano hacia el cual avanzar, un ideal al que deberíamos aspirar. Vivirlo haría de este lugar un mundo nuevo, un verdadero paraíso en la tierra.

LA ENVIDIA; LO OPUESTO A LA CARIDAD

Por desgracia, muchos de nosotros hemos tenido que enfrentarnos a la envidia en el entorno de trabajo (casi siempre de personas que se sienten agredidas por el mero hecho de que alguien prospere), al igual que en diversas circunstancias de nuestra vida cotidiana. La envidia ha sido fuente de injusticias de todo tipo, y las empresas han perdido elementos valiosos gracias a la envidia de individuos que ni por asomo tenían su capacidad, pero que supieron mover sus influencias para dañar a alguien creyendo que al hacerlo estarían más seguros en su posición.

¿Qué nos dice la Biblia sobre esta actitud tan dañina y destructiva? Pues en ella podremos encontrar ejemplos muy elocuentes de los estragos que puede causar la envidia. Se podría decir que la Sagrada Escritura presenta a la envidia como la fuente de todo el mal que el hombre ha experimentado.

En el Libro de la Sabiduría leemos:

> Porque Dios creó al hombre incorruptible,
> le hizo a imagen de su misma naturaleza;
> mas por la envidia del diablo entró la
> muerte en el mundo,
> y la experimentan los que le pertenecen.
>
> (Sabiduría 2:22-24)

* * *

> ¿Qué es la sabiduría y cómo nace?, lo voy a declarar;
> no os ocultaré sus secretos.
> Seguiré sus huellas desde los orígenes,
> pondré su conocimiento al descubierto
> y no me apartaré de la verdad.
>
> Tampoco me acompañará en mi camino la envidia mezquina, que nada tiene que ver con la Sabiduría.

Pues la abundancia de sabios es la salvación
del mundo
y un rey prudente es el bienestar de su pueblo.
Dejaos, pues, instruir por mis palabras:
os serán útiles.

(Sabiduría 6:22-25)

El mensaje de la Biblia contra la envidia es tan fuerte que la hace merecedora de terribles castigos. En el Libro de Números leemos:

Bajó Yahvéh en la Columna de Nube y se quedó a la puerta de la Tienda. Llamó a Aarón y a María y se adelantaron los dos. Dijo Yahvéh: "Escuchen mis palabras:

Si hay entre ustedes un profeta,
en visión me revelo a él
y hablo con él en sueños.
No así con mi siervo Moisés;
él es de toda mi confianza en mi casa,
boca a boca hablo con él, abiertamente
y no en enigmas,
y contempla la imagen de Yahvéh.
¿Por qué, pues, se han atrevido a hablar
contra mi siervo Moisés?"

Y se encendió la ira de Yahvéh contra ellos. Cuando se marchó y la Nube se retiró de encima de la Tienda, he aquí que María estaba leprosa, blanca como la nieve. Aarón se volvió hacia María y vio que estaba leprosa.

Y dijo Aarón a Moisés:

> "Perdón, Señor mío, no cargues sobre nosotros el pecado que neciamente hemos cometido. Por favor que no sea ella como quien nace muerto del seno de su madre, con la carne medio consumida".
>
> Moisés clamó a Yahvéh, diciendo: "Oh, Dios, cúrala, por favor".
>
> Yahvéh respondió a Moisés: "Si su padre le hubiere escupido al rostro, ¿no tendría que pasar siete días de vergüenza? Que quede siete días fuera del campamento y luego sea admitida otra vez".
>
> (Números, 12, 4-14)

En la Biblia podemos encontrar ejemplos dramáticos en que la envidia causa daños irreparables a otros, daños que incluso han cambiado el rumbo de la historia.

Caín mata a su hermano Abel por envidia:

> Pasó algún tiempo y Caín hizo a Yahvéh una oblación de frutos del suelo. También Abel hizo una oblación de los primogénitos de su rebaño, y de la grasa de los mismos. Yahvéh miró propicio a Abel y su oblación, mas no miró propicio a Caín y su oblación, por lo cual se irritó Caín en gran manera y se abatió su rostro. Yahvéh dijo a Caín: "¿Por qué andas irritado, y por qué se ha abatido tu rostro? ¿No es cierto que si obras bien podrás alzarlo? Mas si no obras bien, a la puerta está el pecado asechando como fiera que te codicia y a quien tienes que dominar". Caín dijo a su hermano Abel: "Vamos afuera".

> Y cuando estaban en el campo se lanzó Caín contra su hermano Abel y lo mató.
>
> (Génesis 4:3-8)

Los filisteos cegaron los pozos de Isaac, por envidia:

> Isaac sembró en aquella tierra, y cosechó aquel año el ciento por uno. Yahvéh le bendecía y el hombre le enriquecía, se iba enriqueciendo más y más hasta que se hizo riquísimo. Tenía rebaños de ovejas y vacadas y copiosa servidumbre. Los filisteos le tenían envidia.
>
> Todos los pozos que habían cavado los siervos de su padre —en tiempos de su padre Abraham— los habían cegado los filisteos, llenándolos de tierra.
>
> (Génesis 26:12-15)

Es triste que el éxito de la gente que trabaja provoque estas actitudes tan destructivas en otros. Lo lógico sería aprender de quienes tienen éxito y prosperan, no dañarlos creyendo que así se va a estar mejor.

La envidia llevó a Esaú a odiar a su hermano Jacob a muerte:

> Esaú se enemistó con Jacob a causa de la bendición que le había dado su padre, y se dijo Esaú: "Se acercan ya los días del luto de mi padre. Entonces mataré a mi hermano Jacob".
>
> (Génesis 27:41)

Y José fue vendido por sus hermanos por la envidia que le tenían:

Israel amaba a José más que a todos los demás hijos, por ser para él el hijo de la ancianidad. Le había hecho una túnica de manga larga. Vieron sus hermanos cómo le prefería su padre a todos ellos, y le aborrecieron hasta el punto de no poder siquiera saludarle.

...Lo vieron de lejos, y antes que se les acercara conspiraron contra él para matarle, y se decían mutuamente: "Por ahí viene el soñador. Ahora, pues, vamos a matarlo y a echarlo en un pozo cualquiera, y diremos que algún animal feroz lo devoró. Veremos entonces en qué paran sus sueños".

Rubén lo oyó y le libró de sus manos. Dijo: "No atentemos contra su vida. No derramen sangre. Échenlo al pozo que hay en el páramo, pero no pongan la mano sobre él". Su intención era salvarlo de sus hermanos para devolverlo a su padre. Y ocurrió que cuando llegó José donde sus hermanos, estos lo despojaron de su túnica y echándole mano le arrojaron al pozo. Luego se sentaron a comer.

Y levantando los ojos divisaron una caravana de ismaelitas que venían de Galaad, con camellos cargados... iban hacia Egipto. Entonces dijo Judá a sus hermanos. "¿Qué aprovecha el que asesinemos a nuestro hermano y luego tapemos su sangre? Vengan, vamos a venderle a los ismaelitas, pero no pongamos la mano sobre él porque es nuestro hermano, carne nuestra". Y sus hermanos asintieron.

...vendieron a José a los ismaelitas por veinte piezas de plata, y ellos llevaron a José a Egipto.

(Génesis 37:3-4, 18-28)

Daniel fue perseguido por envidia:

> Este mismo Daniel se distinguía entre los ministros y los sátrapas porque había en él un espíritu extraordinario, y el Rey se proponía ponerle al frente del reino entero. Por ello los ministros y los sátrapas se pusieron a buscar un motivo de acusación contra Daniel en algún asunto del Estado, pero no pudieron encontrar ningún motivo de acusación ni falta alguna.
>
> (Daniel 6:4-5)

Y la envidia fue la causa de que los sumos sacerdotes entregaran a Jesús. San Mateo y San Marcos lo hacen notar cuando describen la actitud de Poncio Pilato, el gobernador romano, cuando los judíos le presentaron a Jesús para que lo condenara a muerte:

> Cada Fiesta, el procurador solía conceder al pueblo la libertad de un preso, el que quisieran. Tenían entonces un preso famoso llamado Barrabás. Dijo pues Pilato a los que estaban allí reunidos: "¿A quién queréis que os suelte, a Barrabás o a Jesús, el llamado Cristo?", pues sabía que lo habían entregado por envidia.
>
> (Mateo 27:15-18)

En su Epístola a los Gálatas, San Pablo nos dice:

> Porque, hermanos, ustedes han sido llamados a la libertad; sólo que no tomen de esa libertad pretexto para la carne; antes al contrario, sírvanse del amor

> los unos a los otros. Pues toda ley alcanza su plenitud en este solo precepto: *Amarás a tu prójimo como a ti mismo.* Pero si se muerden y se devoran mutuamente ¡tengan cuidado, no vayan a destruirse mutuamente!
>
> (Gálatas 5:13-15)

Como hemos visto, la envidia es una de las actitudes más destructivas y, por desgracia, es una realidad con la que tenemos que vivir. Leemos en el Eclesiastés:

> He visto que todo afán y todo éxito en una obra excitan la envidia del uno contra el otro.
>
> (Eclesiastés 4:4)

Estemos conscientes de esto en nuestro trabajo. Estemos conscientes de que si tenemos éxito, puede haber espíritus envidiosos que nos ataquen. Es gente amargada, de baja autoestima, que siente que no es capaz de lograr nada, por eso destruye a quienes sí tienen logros. En su mente de cómputos torcidos creen que si todos tienen el grado de mediocridad en que ellos vegetan habrá "tranquilidad", y en cuanto ven que alguien destaca, le declaran la guerra.

Si tienes éxito, cuidado. Este ejército de mediocres será tu enemigo. Pero no le sigas el juego; sigue prosperando, crece y ayuda a otros a crecer. Esa es tu arma.

Y cuando veas que otros triunfan, no caigas en la trampa de la envidia. Felicítalos, comparte su éxito. Nada ganas con apagar lo que tanto trabajo costó encender. Nos dice San Pedro:

> Rechacen por tanto, toda malicia y todo engaño, hipocresías, envidias y toda clase de maledicencias. Como niños recién nacidos, deseen la leche espiritual pura, a fin de que, por ella, crezcan para la salvación, si es que *habéis gustado que el Señor es bueno.*
>
> Acercándose a él, piedra viva, desechada por los hombres, pero elegida, preciosa ante Dios, también ustedes, como piedras vivas entren en la construcción de un edificio espiritual...
>
> (1 Pedro 2:1-4)

Aquí San Pedro nos habla de Jesús, rechazado por los hombres pero elegido por Dios. El camino que nos señala la Biblia es el camino del respeto a otros, del trabajo diligente, de la misión de crear futuros nuevos para hombres nuevos, y al seguirlo iremos forjando un mundo nuevo, libre de actitudes destructivas como la envidia.

LAS BIENAVENTURANZAS

Hay actitudes positivas tan cercanas al corazón de Cristo que Él las menciona en un marco evangélico sin igual: las Bienaventuranzas. Entre ellas, la actitud de paz, de templanza y de mansedumbre, de las que ya hablamos en un capítulo anterior.

> Bienaventurados los pobres de espíritu,
> porque de ellos es el Reino de los Cielos.
> Bienaventurados los mansos,
> porque ellos poseerán la herencia de la tierra.

Bienaventurados los que lloran,
porque ellos serán consolados.
Bienaventurados los que tienen hambre
y sed de justicia,
porque ellos serán saciados.
Bienaventurados los misericordiosos,
porque ellos alcanzarán misericordia.
Bienaventurados los limpios de corazón,
porque ellos verán a Dios.
Bienaventurados los que buscan la paz,
porque ellos serán llamados hijos de Dios.
Bienaventurados los perseguidos por causa
de la justicia,
porque de ellos es el Reino de los Cielos.

(Mateo 5:3-10)

Jesús nos dice que serán felices quienes tengan estas actitudes, y nos da la razón por la que van a serlo. El pobre, el humilde, el desgraciado es bienaventurado porque se le predica la buena nueva del Reino de los Cielos. No se le discrimina, se le abren las puertas. En la vida práctica, a nosotros nos toca abrir las puertas a los humildes. Nuestras sociedades han discriminado a las personas por su nivel social, por su raza, por su religión. La actitud cristiana es abrirles las puertas. Esa es la actitud de Cristo cuando dice: "No vine a curar a los sanos sino a los enfermos". Su misión son los pobres, los discriminados de la sociedad. Una actitud positiva que debemos aprender de Él es la tolerancia.

La bienaventuranza que va de la mano con ésta es: "Bienaventurados los misericordiosos". Quienes abren su corazón a los necesitados serán felices porque otros les abrirán su corazón, cuando ellos lo necesiten.

Los mansos, es decir, los que se oponen a la violencia, son dichosos porque recibirán la tierra como herencia. Una actitud positiva que nos permitirá movernos en distintos ambientes como mensajeros de paz. Y Cristo nos dice que los que buscan la paz serán llamados "Hijos de Dios".

Estas actitudes positivas son el corazón del mensaje bíblico. Tomándolas en cuenta crearemos mundos nuevos, mundos en los que el ser humano se acerque al "ideal bíblico" de los hijos de Dios.

EN LA PRÁCTICA:

- Ser prudentes en la planificación de nuestras actividades.
- Persistir en un proyecto hasta terminarlo. No dejar cosas a medias ni cabos sueltos.
- No desanimarnos ante las dificultades. Buscar la forma de resolverlas.
- Cultivar el hábito de sonreír, y esa semilla de alegría hará posible:
    - que actuemos con espíritu de servicio,
    - que abramos las puertas de nuestro corazón a los demás,
    - que actuemos con tolerancia y paciencia.
- Apreciar el valor de hablar siempre con la verdad.
- Saber que lo que hacemos puede enriquecer a otros.

CAPÍTULO V

El equipo de trabajo

Todo centro de trabajo consta de un equipo de personas con diferentes capacidades que desempeñan diversos puestos y se especializan en funciones específicas. El secreto del éxito es darle a cada quien su lugar, respetar su área de trabajo y cultivar un ambiente de colaboración para que el producto final sea óptimo.

Abramos de nuevo la Biblia para encontrar los caminos a seguir si queremos crear equipos laborales eficientes y que trabajen unidos en un ambiente de respeto y cordialidad. Formar parte de un equipo así sería un privilegio y haría que nuestras horas de trabajo fueran altamente productivas. Además, serían horas que de hecho disfrutaríamos.

JEFES Y SUBORDINADOS

Las empresas se basan en organigramas que marcan los flujos de autoridad para el manejo adecuado de las actividades que tendrán como resultado final un producto o servicio que se entrega al público. En estas relaciones de jefes y subordinados es importante respetar a las personas y permitirles desempeñar sus obligaciones, ya sea como jefes o como subordinados. El jefe debe saber delegar funciones y responsabilidades, y debe respetar a sus subordinados reconociendo sus capacidades y permitiéndoles tomar decisiones en lo que se relaciona con sus deberes específicos. A los subordinados les corresponde reconocer que el jefe es jefe y que coordinar desde arriba es su puesto y su responsabilidad. Es una actitud sabia y madura de su parte aceptar que se imponga sobre ellos autoridad y colaborar con el plan general de la empresa que los directivos han diseñado e impulsan.

En esta relación de escalafones en el trabajo es importante no juzgar a las personas por las apariencias. Es vital evitar actitudes de favoritismo o parcialidad, preferencias injustas y predisposición favorable hacia ciertas personas con detrimento de otras.

Esto es lo que Moisés dice a los jueces del pueblo:

> Escucharán al pequeño lo mismo que al grande; no le tendrán miedo a nadie, porque el juicio pertenece a Dios.
>
> (Deuteronomio 1:17)

En el Levítico leemos:

> Siendo juez no hagas injusticia, ni por favor del pobre, ni por respeto al grande: con justicia juzgarás a tu prójimo.
>
> (Levítico 19:15)

El Profeta Jeremías nos dice:

> Así dice Yahvéh: Practiquen el derecho y la justicia, libren al oprimido de manos del opresor, y no atropellen al forastero, al huérfano y a la viuda; no

> actúen con violencia ni derramen sangre inocente en este lugar.
>
> (Jeremías 22:3)

Esta actitud de respeto es el primer paso hacia la formación de un equipo de trabajo bien equilibrado en el que cada quien aporta lo que tiene que aportar y acepta a los demás sin prejuicios ni favoritismos.

El concepto de autoridad está presente en toda la Biblia. Lo vemos primero en los patriarcas, en los jefes de clanes y en caudillos militares como Moisés y Josué. Ya en la tierra de Canaan, ejercen autoridad los ancianos. Después del destierro, Israel, amenazada por los filisteos, establece un rey. Los profetas revelan a los reyes la voluntad de Dios y así logran introducir reformas. El pueblo está consciente de que los reyes son elegidos de Dios y que merecen el mismo respeto que se da a Dios. Al desaparecer los reyes, la autoridad reside en la Ley y en sus intérpretes, los escribas.

Estos textos del Antiguo Testamento reflejan este concepto de autoridad:

> Eligió Moisés hombres capaces y los puso al frente del pueblo, como jefes de mil, jefes de ciento, jefes de cincuenta y jefes de diez. Estos estaban siempre a disposición del pueblo.
>
> (Éxodo 17:24-25)

Aquí vemos cómo la autoridad se delega; hay diversos niveles de autoridad y cada uno de ellos se responsabiliza por áreas de menor magnitud. Al compartir la autoridad se elimina la idea de un solo jefe de poder ilimitado. Cada empleado es "jefe" de su propia área, por pequeña que sea.

Los siguientes textos bíblicos nos hablan de la elección de reyes en diferentes etapas de la historia de Israel. En el Deuteronomio leemos:

> Si cuando llegues a la tierra que Yahvéh tu Dios te da, cuando la conquistes y habites en ella, dices: "Quisiera poner un rey sobre mí, como todas las naciones de alrededor", deberás poner sobre ti un rey elegido por Yahvéh, y a uno de entre tus hermanos pondrás sobre ti como rey.
>
> (Deuteronomio 17:14-15)

El Primer Libro de Samuel nos narra la unción de Saúl como rey:

> Tomó Samuel el cuerno de aceite y lo derramó sobre la cabeza de Saúl, y después lo besó diciendo: "¿No es Yahvéh quien te ha ungido como jefe de su pueblo Israel? Tú regirás al pueblo de Yahvéh y le librarás de la mano de los enemigos que le rodean.
>
> (1 Samuel 10:1)

El Segundo Libro de Samuel nos habla de la consagración de David como rey de Israel:

> Vinieron a Hebrón todas las tribus de Israel para ver a David y le dijeron: "Hueso tuyo y carne tuya somos nosotros. Ya de antes, cuando Saúl era nuestro rey, eras tú el que dirigías las entradas y salidas de Israel, tú serás el caudillo de Israel. Yahvéh te ha

> dicho: 'Tú apacentarás a mi pueblo Israel, tú serás el caudillo de Israel'". Vinieron, pues, todos los ancianos de Israel donde el rey, a Hebrón. El Rey David hizo un pacto con ellos en Hebrón, en presencia de Yahvéh, y ungieron a David como rey de Israel.
>
> (2 Samuel 5:1-3)

Como podemos ver, el rey es el ungido de Dios y su papel es guiar al pueblo. La autoridad no es un puesto que alguien tiene para dominar a otros ni para actuar conforme a sus caprichos. Es una posición privilegiada desde la cual servirá a otros. Además, el pueblo lo elige, le confía la responsabilidad de regir sobre él. En nuestro mundo moderno, las personas llegan a puestos de autoridad en muchas formas. En situaciones ideales, son nombradas por autoridades superiores, son propuestas por compañeros de trabajo, se les elige entre varios candidatos o se ganan el puesto por su buen desempeño dentro de la empresa o por capacitarse en un campo específico para desempeñar cierto puesto de especialización.

No faltan, por supuesto, quienes logran ascender por influencias y favoritismos, que en ocasiones son injustos. Lo ideal sería que ya teniendo el puesto se responsabilizaran y actuaran como verdaderos ejecutivos.

En el Segundo Libro de los Reyes leemos sobre el rey Josías, un rey que mantiene a su pueblo informado:

> El rey hizo convocar a su lado a todos los ancianos de Judá y de Jerusalén, y subió a la Casa de Yahvéh con todos los hombres de Judá y todos los habitan-

> tes de Jerusalén; los sacerdotes, los profetas y todo el pueblo desde el menor hasta el mayor; y leyó a sus oídos todas las palabras del libro de la alianza hallado en la Casa de Yahvéh.
>
> (2 Reyes 23:1-3)

Aquí vemos al rey compartiendo los sucesos importantes con los líderes de la sociedad y con el pueblo. El rey no gobierna ni actúa solo. Todo el pueblo está con él. Un buen ejecutivo sabe acercarse a sus subordinados y compartir con ellos los momentos importantes. Esto hace que todos se sientan involucrados en la dirección de una empresa y en las decisiones que se toman en ella.

En el Nuevo Testamento Jesús reconoce la autoridad de la Ley, pero a nivel religioso Él sabe que "se le ha dado todo poder en el cielo y sobre la tierra".

Dice Jesús:

> No penséis que he venido a abolir la Ley y los Profetas. No he venido a abolir sino a dar cumplimiento. Sí, os lo aseguro: el cielo y la tierra pasarán antes de que pase una 'i' o un ápice de la Ley sin que todo se haya cumplido. Por tanto, el que quebrante uno de estos mandamientos menores, y así lo enseñe a los hombres, será el menor en el Reino de los Cielos; en cambio, el que los observe y los enseñe, será grande en el Reino de los Cielos.
>
> (Mateo 5:17-19)

También reconoce Jesús la autoridad política de su época. Así es como responde a una pregunta insidiosa de sus enemigos:

> "Dinos, pues, que te parece, ¿es lícito pagar tributo al César o no?" Mas Jesús, conociendo su malicia, dijo: "Hipócritas, ¿por qué me tientan? Muéstrenme la moneda del tributo". Ellos le presentaron un denario. Y les dice: "¿De quién es esta imagen y la inscripción?". Dícenle: "Del César". Entonces les dice: "¡Pues lo del César devuélvanselo al César, y lo de Dios a Dios!". Al oír esto, quedaron maravillados y, dejándole, se fueron.
>
> (Mateo 22:17-22)

Estas son las palabras de Jesús a sus discípulos en los últimos versículos del Evangelio de San Mateo:

> "Me ha sido dado todo poder en el cielo y en la tierra. Vayan, pues, y hagan discípulos a todas las personas bautizándolas en el nombre del Padre y del Hijo y del Espíritu Santo, y enseñándoles a guardar todo lo que yo les he mandado. Y sepan que yo estoy con ustedes todos los días hasta el fin del mundo".
>
> (Mateo 28:18-20)

Jesús sabe que se le ha revestido de gran autoridad, pero su actitud como "jefe", como Señor, siempre fue de servicio. Su poder de hacer milagros siempre estuvo al servicio de los necesitados. Recibía a la gente y les hablaba desde barcas, en la cumbre de montañas, en el patio del Templo de Jerusalén. Jesús es nuestro gran modelo a seguir cuando llegamos a puestos de autoridad. Contemplemos algunos textos del Evangelio de San Lucas:

A la caída del sol, todos cuantos tenían enfermos de diversas dolencias se los llevaban; y poniendo él las manos sobre cada uno de ellos, los curaba.

(Lucas 4:40)

* * *

Un centurión tenía un siervo a quien apreciaba mucho. Este siervo estaba enfermo y a punto de morir. Habiendo el centurión oído hablar de Jesús, envió donde él unos ancianos de los judíos, para rogarle que viniera y salvara a su siervo.

Estos, llegando donde Jesús, le rogaban insistentemente diciendo: "Merece que se lo concedas, porque ama a nuestro pueblo, y él mismo nos ha edificado la sinagoga". Iba Jesús con ellos y estando ya no lejos de la casa, envió el centurión a unos amigos que le dijeran: "Señor, no te molestes, porque no soy digno de que entres bajo mi techo, por eso ni siquiera me consideré digno de salir a tu encuentro. Mándalo de palabra, y mi criado quedará sano. Porque también yo, que soy un subalterno, tengo soldados a mis órdenes, y digo a éste 'Ve', y va; y a otro 'Ven', y viene; y a mi siervo: 'Haz esto', y lo hace". Al oír esto Jesús quedó admirado de él, y volviéndose a la muchedumbre que le seguía, dijo: "Os digo: ni en Israel he encontrado una fe tan grande". Cuando los enviados volvieron a la casa, hallaron al siervo sano.

(Lucas 7:2-10)

> Jesús, tomando a sus apóstoles consigo, se retiró aparte, hacia una ciudad llamada Betsaida. Pero las personas lo supieron y le siguieron; y él acogiéndolas, les hablaba acerca del Reino de Dios, y curaba a los que tenían necesidad de ser curados.
>
> Pero el día había comenzado a declinar, y acercándose los Doce le dijeron: "Despide a la gente para que vayan a los pueblos y aldeas del contorno y busquen alojamiento y comida, porque aquí estamos en un lugar solitario". Él les dijo: "Denles ustedes de comer". Pero ellos respondieron: "No tenemos más que cinco panes y dos peces; a no ser que vayamos nosotros a comprar alimentos para toda esta gente". Pues había como cinco mil hombres. Él dijo a sus discípulos: "Hagan que se acomoden por grupos de unos cincuenta". Lo hicieron así y los acomodaron a todos. Tomó entonces los cinco panes y los dos peces, y levantando los ojos al cielo pronunció sobre ellos la bendición y los partió, y los iba dando a los discípulos para que los fueran sirviendo a la gente. Todos comieron hasta saciarse. Se recogieron doce canastos de trozos que les habían sobrado.
>
> (Lucas 9:10-17)

En la Epístola de San Pablo a los Romanos, leemos:

> Sométanse todos a las autoridades constituidas, pues no hay autoridad que no provenga de Dios, y las que existen, por Dios han sido constituidas. De modo que quien se opone a la autoridad, se rebela

> contra el orden divino, y los rebeldes se atraerán sobre sí mismos la condenación. En efecto, los magistrados no son de temer cuando se obra el bien, sino cuando se obra el mal. ¿Quieres no temer a la autoridad? Obra el bien, y obtendrás de ella elogios, pues es para ti un servidor de Dios para el bien. Pero si obras el mal, teme; pues no en vano lleva la espada; pues es un servidor de Dios para hacer justicia y castigar al que obra mal. Por tanto, es preciso someterse, no sólo por temor al castigo, sino también en conciencia. Por eso precisamente pagan los impuestos, porque son funcionarios de Dios, ocupados asiduamente en ese oficio. Den a cada cual lo que se le debe: a quien impuestos, impuestos; a quien tributo, tributo; a quien respeto, respeto; a quien honor, honor.
>
> (Romanos 13:1-7)

Aquí encontramos lineamientos muy sabios sobre la actitud que es bueno tener ante la autoridad. A nivel país, el respeto al gobierno y el pago de impuestos. A nivel autoridad en general, actuar bien y no temerle, comprender que el que tiene un puesto de autoridad es un servidor de Dios cuyo papel es actuar con justicia.

DOCILIDAD

Una actitud sana ante la autoridad de un superior sería la docilidad, cierta flexibilidad para dejarse enseñar, aceptar los consejos —e incluso la voluntad— de un superior. La docilidad se identifica con la obediencia, pues existe la buena disposición a seguir las indicaciones y órdenes de un superior.

En la Epístola de San Pablo a los Hebreos, leemos:

> Obedezcan a sus dirigentes y sométanse a ellos, pues velan sobre sus almas como quienes han de dar cuenta de ellas, para que lo hagan con alegría y no lamentándose, cosa que no les traería ventaja alguna.
>
> (Hebreos 13:17)

En resumen, en el ambiente del trabajo, en ocasiones nos tocará ser subordinados y en ocasiones nos tocará ser jefes. En ambos casos tendremos funciones que cumplir y lo mejor es cumplirlas con sencillez y mostrando un gran respeto a otros, sean nuestros jefes o nuestros subordinados.

COMPAÑERISMO Y AMISTAD

Pasamos muchas horas de cada día en contacto con compañeros de trabajo, y de ese contacto pueden surgir actitudes de compañerismo que son valiosas para nosotros a nivel personal y también para la empresa, pues la gente que trabaja en un ambiente de cordialidad trabaja mejor.

En la Biblia encontramos ejemplos de amistad que nos guiarán en nuestra relación con nuestros compañeros del trabajo y con nuestras amistades en general.

El Primer Libro de Samuel nos describe la amistad entre Jonatán, hijo del rey Saúl, y David, y la forma en que David se ganó la amistad de todo el pueblo:

> Hizo Jonatán alianza con David, pues le amaba como a sí mismo. Se quitó Jonatán el manto que llevaba y se lo dio a David, su vestido y también su espada, su arco y su cinturón. David lograba éxito en todas las campañas que Saúl le encomendaba, y le puso Saúl al frente de hombres de guerra, y se hizo querer de todo el pueblo, también de los servidores de Saúl.
>
> (1 Samuel 18:1-5)

Sin embargo, Saúl sintió celos de David y cambió su actitud hacia él:

> Saúl dijo a su hijo Jonatán y a todos sus servidores que haría morir a David; pero Jonatán, hijo de Saúl, amaba mucho a David, y avisó Jonatán a David diciéndole: "Mi padre Saúl te busca para matarte. Anda sobre aviso; mañana por la mañana retírate a un lugar oculto y escóndete. Yo saldré y estaré junto a mi padre en el campo, donde tú estés, y hablaré por ti a mi padre; veré lo que hay y te avisaré".
>
> (1 Samuel 19:1-3)

Jonatán fue un verdadero amigo de David y lo apoyó en toda circunstancia. Pero todos hemos experimentado lo que es una falsa amistad, como leemos en el Eclesiástico:

> La boca amable multiplica sus amigos,
> la lengua que habla bien multiplica las afabilidades.
> Sean muchos los que estén en paz contigo,
> mas para consejero, uno entre mil...

> Porque hay amigo que lo es de ocasión,
> y no persevera en el día de tu angustia...
>
> De tus enemigos apártate,
> y de tus amigos no te fíes.
> El amigo fiel es seguro refugio,
> el que le encuentra, ha encontrado un tesoro.
> El amigo fiel no tiene precio,
> no hay peso que mida su valor.
> El amigo fiel es remedio de vida,
> los que temen al Señor le encontrarán.
> El que teme al Señor endereza su amistad,
> pues como él es, será su compañero.
>
> (Eclesiástico 6:5-17)

En este texto encontramos en primer lugar la forma de hacer amigos: "la boca amable, la lengua que habla bien", es decir, la forma en que nos expresamos crea afabilidad a nuestro alrededor. Luego encontramos una advertencia sobre los falsos amigos, y finalmente la descripción del tesoro que es un buen amigo. Las amistades se crean y se conservan, no suceden al azar. Y el hecho de comportarse como amigo hacia los demás es una decisión que cada uno de nosotros debe tomar.

En el Evangelio encontramos a Jesús mostrando su amistad una y otra vez. Por ejemplo, con Marta, María y Lázaro en Betania. Jesús llora por la muerte de Lázaro y luego le devuelve la vida:

> Cuando María llegó donde estaba Jesús, al verle cayó a sus pies y le dijo: "Señor, si hubieras estado aquí, mi hermano no habría muerto". Viéndola llo-

rar Jesús y que también lloraban los judíos que la acompañaban, se conmovió interiormente, se turbó y dijo: "¿Dónde le habéis puesto?" Le responden: "Señor, ven y lo verás". Jesús se echó a llorar. Los judíos entonces decían: "Mirad cómo le quería". Pero algunos de ellos dijeron: "Éste, que abrió los ojos del ciego, ¿no podría haber hecho que ese hombre no muriera?" Jesús se conmovió de nuevo en su interior y fue al sepulcro que era una cueva, con una piedra encima. Dice Jesús: "Quitad la piedra". Le responde Marta: "Señor, ya huele; es el cuarto día". Le dice Jesús: "¿No te he dicho que si crees, verás la gloria de Dios?" Quitaron, pues, la piedra. Entonces Jesús levantó los ojos y dijo:

"Padre, te doy gracias por haberme escuchado.

Ya sabía que tú siempre me escuchas; pero lo he dicho por estos que me rodean, para que crean que tú me has enviado". Dicho esto, gritó con fuerte voz: "¡Lázaro, sal fuera!" Y salió el muerto, atado de pies y manos con vendas y envuelto el rostro en un sudario. Jesús les dice: "Desatadle y dejadle andar".

(Juan 11:32-44)

Jesús también muestra amistad hacia "publicanos y pecadores" pues los recibe, habla con ellos y acepta invitaciones a sus casas.

Se dirige a sus discípulos diciéndoles "amigos", y cultiva una amistad especial con Juan, el "discípulo amado", a quien confía a su madre antes de morir.

En el siguiente texto del Evangelio de San Juan tenemos el legado de amistad que nos deja Cristo:

> Nadie tiene mayor amor que el que da la vida por sus amigos.
> Ustedes son mis amigos si hacen lo que yo les mando.
> No los llamo siervos sino amigos, porque el siervo no sabe lo que hace su amo;
> A ustedes los he llamado amigos,
> porque todo lo que he oído a mi Padre se los he dado a conocer.
> No me han elegido ustedes a mí, sino que yo los he elegido a ustedes, y los he destinado a que vayan y den fruto, y un fruto que permanezca; de modo que todo lo que pidan al Padre en mi nombre se lo conceda.
> Lo que os mando es que se amen los unos a los otros.
>
> (Juan 15:13-17)

Como amigos elegidos de Cristo, ahora nos toca a nosotros crear un ambiente de amistad a nuestro alrededor. La amistad es una riqueza en todas las áreas de nuestra vida, la familiar ante todo, pero también en el área del trabajo. Incluso se podría decir que la amistad es una "política inteligente" en nuestra relación con nuestros vecinos, con las personas que debemos tratar en oficinas del gobierno, en negocios de diversos tipos, y en toda circunstancia de la vida.

GRATITUD

La gratitud es un sentimiento relacionado con el amor en el que uno reconoce los bienes que ha recibido. Es un gesto de nobleza y una postura de humildad con la que uno agradece los favores de otros. Es natural que si alguien entrega algo, el que lo recibe le muestre de alguna manera que lo ha recibido. Puede ser un gesto sencillo, una mirada de reconocimiento, o puede expresarse en palabras. En el campo de los negocios se da "acuse de recibo" por cartas, documentos, pagos o servicios que se reciben de otras personas o empresas. Y todo el mundo espera ese "acuse de recibo"; sería una falta de cortesía no dar a conocer al otro que lo que ha enviado ha sido recibido.

La gratitud es incluso más elocuente. No nada más de un "acuse de recibo" casi impersonal, sino que muestra "agradecimiento". Le da a entender al otro lo mucho que el receptor aprecia lo que se le ha dado.

GRATITUD A DIOS

En la Biblia encontramos muchos textos que expresan gratitud a Dios por todo lo que le ha dado al hombre. Desde las épocas más antiguas, los profetas y caudillos bíblicos expresan su gratitud a Dios con oraciones de acción de gracias y con sacrificios.

San Pablo, en sus Epístolas, da gracias a Dios por los dones que ha dado a su pueblo:

> Doy gracias a Dios sin cesar por ustedes, a causa de la gracia de Dios que les ha sido otorgada en Cristo Jesús, pues en él han sido enriquecidos en todo, en toda palabra y en todo conocimiento, en la medida en que se ha consolidado entre vosotros el testimonio de Cristo.
>
> (1 Corintios 1:4-6)

En el Salmo 107 leemos:

> Dad gracias a Yahvéh, porque es bueno,
> porque es eterno su amor.
> Que lo digan los redimidos de Yahvéh,
> los que Él ha redimido del poder del
> adversario, los que ha reunido de entre los países,
> de oriente y de poniente, del norte y mediodía.
>
> (Salmo 107:1-3)

Y cuando Jesús ora, "da gracias". Por ejemplo, en la última cena, al instituir la Eucaristía:

> Mientras estaban comiendo, tomó pan, y pronunciando la bendición, lo partió, se lo dio a sus discípulos y dijo: "Tomen, éste es mi cuerpo". Tomó luego un cáliz y, dadas las gracias, se los dio, y bebieron todos de él.
>
> (Marcos 14:22-23)

La gratitud a Dios es una actitud religiosa que reconoce a cada instante la presencia y acción de un Dios generoso que derrama sus dones sin cesar.

GRATITUD A LOS HOMBRES

Las relaciones entre los hombres se forman de un constante dar y recibir. La respuesta natural al recibir algo es reconocer que fue recibido, y una actitud agradecida es la base de las buenas relaciones entre individuos y empresas.

Este texto de San Lucas es un ejemplo del valor de la

Este texto de San Lucas es un ejemplo del valor de la gratitud:

> Y sucedió que en el camino a Jerusalén, pasaba Jesús por los confines entre Samaria y Galilea, y al entrar en un pueblo, salieron a su encuentro diez hombres leprosos, que se pararon a distancia y, levantando la voz, dijeron: "¡Jesús, Maestro, ten compasión de nosotros!". Al verlos, les dijo: "Vayan y preséntense a los sacerdotes". Y mientras iban, quedaron limpios. Uno de ellos, viéndose curado, se volvió glorificando a Dios en alta voz; y postrándose rostro en tierra a los pies de Jesús, le daba gracias; y este era un samaritano. Tomó la palabra Jesús y dijo: "¿No quedaron limpios los diez? Los otros nueve, ¿dónde están? ¿No ha habido quien volviera a dar gloria a Dios sino este extranjero?". Y le dijo: "Levántate y vete; tu fe te ha salvado".
>
> (Lucas 17:11-19)

Y en el Eclesiástico leemos:

> El hombre bueno sale fiador de su prójimo,
> el que ha perdido la vergüenza,
> lo deja a bandonado.
> No olvides los favores de tu fiador,
> pues él se ha expuesto por ti.
> El pecador dilapida los bienes de su fiador,
> el ingrato abandona en su corazón al que le ha
> salvado.
>
> (Eclesiástico 29:14-16)

EL VALOR DE LAS ALIANZAS

> Más valen dos que uno solo, pues obtienen mayor ganancia de su esfuerzo. Pues si cayeren, el uno levanta a su compañero; pero ¡ay del solo que cae!, que no tiene quién lo levante. Si dos se acuestan, tienen calor; pero el solo, ¿cómo se calentará? Si atacan a uno, los dos harán frente. La cuerda de tres hilos no es fácil de romper.
>
> (Eclesiastés 4:9-12)

Las alianzas son acuerdos entre personas que garantizan el mutuo apoyo y una relación de paz y armonía entre ellas. En nuestro mundo actual, se firman acuerdos entre personas, entre negocios y entre países, en los que las partes se comprometen entre sí.

El formar grupos fuertes es una política inteligente que fortalece nuestras actividades y nos garantiza la prosperidad que necesitamos para crecer y para forjar realidades óptimas para nosotros mismos y para nuestros seres queridos.

Estos son algunos ejemplos de alianzas que encontramos en la Biblia:

> Un pacto de Abraham:
> Sucedió por aquel tiempo que Abimélek, junto con Pikol, capitán de su tropa, dijo a Abraham: "Dios está contigo en todo lo que haces. Ahora, pues, júrame por Dios aquí mismo sin mentir, y tanto a mi como a mis hijos y a mis nietos, que la misma benevolencia que he tenido para contigo, la tendrás

tú para conmigo y con el país donde te hemos recibido como huésped". Abraham dijo: "Lo juro".

(Génesis 21:22-24)

Un pacto de David:

Llegó Abner a donde David, en Hebrón, con veinte hombres. Y David ofreció un banquete a Abner y a los hombres que le acompañaban. Abner dijo a David: "Voy a levantarme e iré a reunir todo Israel junto a mi señor, el rey; harán un pacto contigo y reinarás conforme a tus deseos". Despidió David a Abner, que se fue en paz...

(2 Samuel 3:20-21)

Un pacto entre Salomón y Jiram, rey de Tiro, cuando Salomón hacía los preparativos para la construcción del templo:

> Salomón envió a decir a Jiram: "...Ahora me he propuesto edificar una Casa al Nombre de Yahvéh mi Dios... Así pues, ordena que se corten para mí cedros del Líbano. Mis servidores estarán con tus servidores; te pagaré como salario de tus servidores todo lo que me digas, pues tú sabes que no hay nadie entre nosotros que sepa talar los árboles como los sidonios..."
>
> Salomón dio a Jiram veinte cargas de trigo para la manutención de su casa y veinte mil medidas de oliva molida. Esto daba Salomón a Jiram cada año. Yahvéh dio sabiduría a Salomón, como se la había prometido, y hubo paz entre Jiram y Salomón pactando una alianza entre ambos.
>
> (1 Reyes: 5:2,5-6, 11-12)

EN LA PRÁCTICA:

- Entender los niveles de autoridad en la empresa en que trabajamos y ubicarnos en el nivel que nos corresponde, respetando a nuestros superiores y reconociendo las capacidades de nuestros subalternos.
- Delegar responsabilidades a quienes están bajo nuestras órdenes.
- Crear un ambiente de amistad entre los compañeros de trabajo, expresándonos positivamente de ellos, dirigiéndonos a ellos con amabilidad y educación.
- Apoyar a nuestros compañeros de trabajo como verdaderos amigos.
- Demostrar gratitud cuando otros nos apoyan o hacen algo por nosotros, ya sean jefes, compañeros o subordinados.
- Buscar llegar a acuerdos con otros en lo relacionado con el trabajo. Estas "alianzas" facilitarán nuestro desempeño y nos ayudarán a ser más eficientes en nuestro puesto.

CAPÍTULO VI

La esperanza de un futuro mejor

Si le preguntáramos a la gente que trabaja ¿cuál es su propósito al trabajar o qué metas piensa alcanzar con el fruto de su trabajo?, la mayoría nos dirá que quiere darle a su familia un buen nivel de vida, comprar una casa o pagarles a sus hijos una buena educación. Muchos quizá nos digan que tienen deudas y que quieren saldarlas. Otros que desean asegurar un futuro digno para su vejez. Pero casi todos tienen sueños de un futuro mejor.

Si les preguntáramos a los dueños de empresas ¿cuáles son sus objetivos?, nos hablarán de crecimiento y progreso. Buscan los medios para garantizar el futuro de la empresa como tal, lo que les dará seguridad económica y tranquilidad futura como individuos.

Si sabemos lo que se espera de nosotros, si sabemos lo que nosotros mismos esperamos lograr, tendremos orden en nuestras actividades, una dirección lógica para cada tarea que realizamos.

Es sabio tener presente el objetivo que se tiene al actuar, la meta final a la que se intenta llegar. Así nos será más fácil encontrar los pasos a seguir, las etapas que debemos ir superando para acercarnos al objetivo final.

ESPERANZA Y MOTIVACIÓN

Una esperanza es una motivación. El sueño que impulsa la energía que debemos utilizar para ir logrando cada etapa del trayecto que nos hemos trazado. Y al ir logrando cada paso, disfrutaremos el estar más cerca del objetivo que nos hemos trazado.

Uno de los ejemplos más espectaculares de metas y la manera de lograrlas que encontramos en la Biblia, es la construcción del Templo de Salomón, una meta establecida por el Rey David y llevada a cabo por su hijo el Rey Salomón. Se describe en el Libro Primero de los Reyes:

En primer lugar se nos habla de la cantidad de trabajadores que Salomón destinó a la construcción del Templo:

> Hizo el Rey Salomón una leva en todo Israel; la leva fue de treinta mil hombres. Los envió al Líbano, diez mil cada mes, por turnos; un mes estaban en el Líbano y dos meses en sus casas... Tenía además Salomón setenta mil porteadores y ochenta mil canteros en el monte, aparte los capataces de los prefectos puestos por Salomón frente a los trabajadores, tres mil trescientos que mandaban a la gente empleada en los trabajos. El rey mandó arrancar grandes piedras, piedras selectas, para fundamentar la Casa con piedras de sillería. Los obreros de Salomón, los obreros de Jirám y los de Guebal (al norte de Beirut) cortaron y dispusieron la madera y las piedras para construir la Casa.
>
> (1 Reyes 5:27-32)

En el Capitulo 6 se describe en detalle cómo se construyeron las diversas partes del Templo. Estas citas son sólo unos ejemplos:

> Hizo en la Casa ventanas con celosías. Edificó junto al muro de la Casa una galería en torno al Hekal y al Debir, e hizo habitaciones laterales en derredor.
>
> (1 Reyes 6:5)

> La Casa fue construida con piedras preparadas en la cantera; durante su construcción no se oyeron en la Casa martillazos ni sierras ni instrumentos de hierro.
>
> (1 Reyes 6:7)

> Edificó la Casa, la acabó y la cubrió con cedro. Edificó una galería, adosada a toda la casa, de cinco codos de alta y estaba unida a la Casa por vigas de cedro.
>
> (1 Reyes 6:9-10)

> Revistió los muros de la Casa en el interior con planchas de cedro desde el suelo hasta las vigas del techo; revistió el suelo de la Casa con planchas de ciprés. Edificó los veinte codos del fondo de la Casa con planchas de cedro desde el suelo hasta las vigas, formando así por la parte interior del Debir, el Santo de los Santos.
>
> (1 Reyes 6:15-16)

> El cedro del interior de la Casa estaba esculpido con figuras de calabazas y capullos abiertos; todo era cedro, no se veía la piedra.
>
> (1 Reyes 6:18)

> Revistió de oro también la Casa, absolutamente toda la Casa.
>
> (1 Reyes 6:22)

Un proyecto de tal magnitud requirió, como podemos ver en la Biblia, mucha planificación y años de trabajo. Pero Salomón lo llevó a cabo. Era un proyecto de su Padre para la gloria de Dios y Salomón siempre tuvo ese objetivo delante de sus ojos.

Es sano mirar hacia el futuro, soñarlo, planearlo. No es muy sano quedarnos en el pasado, ya sea lamentándonos por lo que no pudimos lograr o viviendo sólo de nuestros éxitos pasados sin planear nuevos. A este respecto, es interesante analizar el concepto de la esperanza.

También es sano ser realista en las metas que uno se propone. No es muy sano hacer "castillos en el aire" imaginando cosas que no están a nuestro alcance. Cada uno de nosotros, desde donde se encuentra en este momento, puede planear un ascenso gradual que lo lleve a ese futuro mejor que ha soñado.

La esperanza es ante todo un proceso, no un estado de las cosas. Las metas que uno se propone o las metas que se han establecido en la empresa para la que uno trabaja, marcan el rumbo de la esperanza. Sabemos hacia dónde nos dirigimos y ese panorama futuro nos mantiene activos en el presente.

En la Biblia, la esperanza se fundamenta en las promesas de Dios y en la fe del hombre en esas promesas:

Salmo 146

No pongan su confianza en príncipes,
en un hijo de hombre, que no puede salvar;
su soplo exhala y a su barro retorna,
y en ese día sus proyectos fenecen.
Feliz aquel que en el Dios de Jacob tiene su apoyo,
y su esperanza en Yahvéh su Dios,
que hizo los cielos y la tierra,
el mar y cuanto en ellos hay;
que guarda por siempre lealtad,
hace justicia a los oprimidos,
da el pan a los hambrientos,
Yahvéh suelta a los encadenados.

(Salmo 146:3-7)

Confiar en las promesas de Dios y fundamentar nuestra fe en Él, es una actitud religiosa muy sólida. Cultivarla enriquecerá nuestra vida como creyentes.

Los profetas hablan del futuro esperado, como en este texto de Isaías:

Sucederá en días futuros que el monte de la Casa de Yahvéh será asentado en la cima de los montes y se alzará por encima de las colinas. Confluirán a él todas las naciones, y acudirán pueblos numerosos. Dirán:

Subamos al monte de Yahvéh, a la Casa del Dios de Jacob, para que Él nos enseñe sus caminos y nosotros sigamos sus senderos.

(Isaías 2:2-3)

Aquí el profeta describe una época en que todas las naciones escuchen la palabra de Dios y sigan sus caminos. Caminos de plenitud humana y desarrollo, caminos que llevan a la justicia, a la bondad, a un cielo en la tierra. Esos caminos se recorren paso a paso, día a día. En nuestro trabajo, los recorremos acción por acción. Cada tarea que se nos encomienda ha de ser llevada a cabo con toda la pericia de que somos capaces. Así progresaremos en el trabajo y al hacerlo recibiremos los medios para ir construyendo ese futuro que soñamos.

El siguiente texto de Isaías es la esperanza de paz entre los hombres; nos ilustra la tolerancia y el respeto, un ambiente de paz donde todo progreso será posible:

> Serán vecinos el lobo y el cordero,
> y el leopardo se echará con el cabrito,
> el novillo y el cachorro pacerán juntos,
> y un niño pequeño los conducirá.
> La vaca y la osa serán compañeras,
> juntas acostarán sus crías,
> el león, como los bueyes, comerá paja.
> Hurgará el niño de pecho, el agujero del áspid,
> y en la hura de la víbora,
> el recién destetado meterá la mano.
> Nadie hará daño, nadie hará mal
> en todo mi santo Monte,
> porque la tierra estará llena del
> conocimiento de Yahvéh.
>
> (Isaías 11:6-9)

Todos los amantes de la paz han soñado con un mundo así, han luchado —y siguen haciéndolo— por lograrlo. Esta realidad de paz sigue siendo el sueño de cuantos han sufrido las injusticias de una guerra, y es el ideal de quienes se niegan a exponer a las siguientes generaciones a todo lo que han sufrido sus antepasados. Si se pudieran crear grupos humanos con estas actitudes, cada uno sería una semilla de donde surgiría ese mundo futuro que vio Isaías y que tantos de nosotros hemos soñado.

Este es un mundo sin miedo, un mundo en el que se puede confiar en los demás sin importar lo lejanos a nosotros que pudieran parecer. Es un mundo que podemos empezar a construir hoy, fomentando la amistad y la confianza entre las personas. Si cada uno entrega a otros lo que ellos esperan, se ganará su confianza. Si cada empresa entrega a sus consumidores lo que les ha prometido, progresará porque cada vez serán más las personas que recurran a ella para conseguir los productos o servicios que ofrece. Y la empresa y sus miembros tendrán la satisfacción de haber cumplido.

LA ESPERANZA EN EL NUEVO TESTAMENTO

En el Nuevo Testamento se habla de la esperanza en Cristo, como lo expresa San Pedro en su Primera Epístola:

> Bendito sea el Dios y Padre de nuestro Señor Jesucristo, quien, por su gran misericordia, mediante la Resurrección de Jesucristo de entre los muertos, nos ha reengendrado a una esperanza viva, a una herencia incorruptible, inmaculada e inmarcesible...
>
> (1 Pedro 1:3-4)

Con el impulso de una esperanza viva y una herencia incorruptible, podemos ser los constructores de mundos nuevos. Nuestro horizonte es el futuro y sin importar lo que hagamos en nuestro trabajo o en nuestra vida, tenemos el impulso necesario para planear futuros mejores.

ABUNDANCIA

Esos futuros serán de abundancia, de plenitud. En el Antiguo Testamento se considera que la abundancia es una bendición divina, como podemos verlo en la bendición de Isaac a su hijo:

> ¡Pues que Dios te dé el rocío del cielo
> y la grosura de la tierra,
> mucho trigo y mosto!
> Que te sirvan los pueblos,
> que te adoren las naciones,
> sé señor de tus hermanos
> y que te adoren los hijos de tu madre...
>
> (Génesis 27:28-29)

La abundancia es también el fruto del trabajo, como leemos en el Libro de los Proverbios:

> Todo trabajo produce abundancia, la charlatanería sólo indigencia.
>
> (Proverbios 14:23)

La abundancia va acompañada de previsión y de la disciplina necesaria para regular nuestras acciones y organizar nuestro trabajo de tal manera que logremos lo que esperamos. El fruto del trabajo es la abundancia, pero al actuar con disciplina, al regular nuestras acciones y al organizar nuestro trabajo, iremos cultivando otras cualidades que nos darán una "abundancia" de riqueza personal. Esa abundancia también puede compartirse.

En su Primera Epístola a Timoteo, San Pablo habla de una abundancia que no se basa únicamente en bienes materiales:

> A los ricos de este mundo recomiéndales que no sean altaneros ni pongan su esperanza en lo inseguro de las riquezas sino en Dios, que nos provee espléndidamente de todo para que lo disfrutemos; que practiquen el bien, que se enriquezcan de buenas obras, que den con generosidad y con liberalidad, así irán atesorando para el futuro un excelente fondo con el que podrán adquirir la vida verdadera.
>
> (1 Timoteo 6:17-19)

GENEROSIDAD

Otra actitud que recomienda el Evangelio es la generosidad. Cuando se tiene abundancia, puede uno actuar con generosidad, como Dios lo ha hecho siempre con el hombre. La creación se nos entrega en un torrente ilimitado, sólo hay que saber cómo usarla, hay que tener inteligencia para aprovecharla, pero está allí, y el hombre debe usar su ingenio para disfrutarla plenamente.

A este respecto, nos dice San Lucas:

> Sean misericordiosos, como su Padre es misericordioso. No juzguen y no serán juzgados, no conde-

> nen y no serán condenados. Perdonen y serán perdonados. Den y se les dará: una medida buena, apretada, rebosante, pondrán en las bolsas de sus vestidos. Porque con la medida con que midan se les medirá.
>
> (Lucas 6:36-38)

Es muy satisfactorio poder ser generosos con otros. Podremos serlo si tenemos abundancia tanto en bienes materiales como en cualidades humanas. Para tener abundancia, hay que trabajar con diligencia e inteligencia, hay que planificar y fijar metas que se vayan logrando a base de acciones precisas.

Cada empresa tiene políticas específicas que tienen el objetivo de lograr un progreso sólido y constante. Cada individuo deberá fijar sus propias metas a nivel personal y familiar para llegar a vivir en una abundancia que garantice su seguridad. Una vez que se tiene esto, se puede ser generoso y ayudar a otros a lograr sus metas.

Una sociedad próspera con un nivel de vida que haga posible la abundancia, sería la utopía de nuestro mundo moderno en el que todavía vemos tanta pobreza y tanta gente que está tan lejos de lograr una seguridad mínima en su vida.

LOGRO DE METAS

Todos podemos empezar a construir esa "montaña" paso a paso, un granito a la vez. Quizá hablar de abundancia les resulte a muchos un sueño imposible, pero entonces lo que hay que hacer es fijar una meta que sí se pueda alcanzar.

Empezando por lo más básico, por las acciones prácticas que nos darán un ingreso. Quizá tengamos que comenzar por capacitarnos para poder ofrecer nuestros servicios a una empresa o a una sociedad que los requiera. Una vez que determinemos cuáles son las acciones a seguir, manos a la obra, con diligencia, sabiendo que vale la pena esforzarse para ir logrando cada etapa de ese trayecto que será nuestra seguridad futura.

Y así, paso a paso, centímetro a centímetro, podremos avanzar. Nuestro avance será cada vez mayor, y con persistencia, quizá lleguemos incluso a dar pasos de gigante.

El logro de metas produce gran satisfacción. La satisfacción será entonces lo que nos impulse a lograr la siguiente meta. Así, poco a poco iremos logrando lo que queremos para nosotros mismos y para nuestros seres queridos. Hay que empezar sembrando una semilla, como nos dice Jesús en esta parábola:

> "¿A qué compararemos el Reino de Dios o con qué parábola lo expondremos? Es como un grano de mostaza, que, cuando se siembra en la tierra, es más pequeña que cualquier otra semilla; pero una vez sembrada, crece y se hace mayor que todas las hortalizas y echa ramas tan grandes que las aves del cielo pueden anidar a su sombra".
>
> (Marcos 4:30-32)

También es importante actuar de buena fe, tomando en cuenta este texto de San Lucas:

> Porque no hay árbol bueno que dé fruto malo y, a la inversa, no hay árbol malo que dé fruto bueno.

> Cada árbol se conoce por su fruto. No se recogen higos de los espinos, ni de la zarza se vendimian uvas. El hombre bueno, del buen tesoro del corazón saca lo bueno, y el malo, del malo saca lo malo. Porque de la abundancia de su corazón habla su boca.
>
> (Lucas 6:43-45)

Cada uno de nosotros tiene un gran potencial para desarrollarse, y la vida es nuestra oportunidad para hacerlo, como nos dice Jesús en la parábola de los talentos:

> El Reino de los cielos es también como un hombre que, al irse de viaje, llamó a sus siervos y les encomendó su hacienda: a uno dio cinco talentos, a otro dos y a otro uno, a cada cual según su capacidad; después se marchó. Enseguida, el que había recibido cinco talentos se puso a negociar con ellos y ganó otros cinco. Igualmente, el que había recibido dos ganó otros dos. En cambio el que había recibido uno se fue, cavó un hoyo en la tierra y escondió el dinero de su señor.. Al cabo de mucho tiempo, vuelve el señor de aquellos siervos y ajusta cuentas con ellos. Llegándose el que había recibido cinco talentos, presentó otros cinco, diciendo: 'Señor, cinco talentos me entregaste; aquí tienes otros cinco que he ganado'. Le dijo su señor: '¡Bien, siervo bueno y fiel!; has sido fiel en lo poco, te pondré por eso al frente de lo mucho; entra en el gozo de tu señor'. Se acercó también el de los dos talentos y dijo: 'Señor, dos talentos me entregaste; aquí tienes otros dos

que he ganado'. Le dijo su señor: '¡Bien, siervo bueno y fiel!; has sido fiel en lo poco, te pondré por eso al frente de lo mucho; entra en el gozo de tu señor'. Se acercó por fin también el que había recibido un talento y dijo: 'Señor, sé que eres un hombre duro, que cosechas donde no sembraste y recoges donde no esparciste. Por eso me dio miedo, y fui y escondí en tierra tu talento. Mira aquí tienes lo que es tuyo'. Mas su señor le respondió: 'Siervo malo y perezoso, sabías que yo cosecho donde no sembré y recojo donde no esparcí. Debías, pues, haber entregado mi dinero a los banqueros. Y así, al volver yo, hubiese recobrado lo mío con los intereses'. Quitadle, por tanto, su talento y dádselo al que tiene los diez talentos. Porque a todo el que tenga, se le dará y le sobrará; pero al que no tenga, aun lo que tenga se le quitará..."

(Mateo 24:14-30)

Esto es lo que se espera de nosotros. Ese potencial, esos talentos que recibimos, no son para esconderlos ni enterrarlos. Son para que los desarrollemos y los multipliquemos. Sería interesante preguntarnos cuáles son nuestros talentos. Es posible que sean muchos más de los que suponemos tener.

Esta sociedad en que vivimos no se caracteriza por reconocer lo bueno que hay en las personas, muchas veces se les menosprecia, se les hace sentir inútiles. Por eso es importante que cada uno de nosotros descubra esos talentos, no con el miedo del que decide enterrar el talento por temor a perderlo, sino con la audacia del que trabaja con sus talentos y los duplica.

EN LA PRÁCTICA:

- Fija una meta alcanzable.
- Establece los pasos que debes seguir para alcanzarla.
- Trabaja en un paso a la vez, y siente la satisfacción de haber logrado esa meta específica, sin importar lo sencilla que sea.
- A partir de ese logro fija la siguiente meta, y así sucesivamente.
- Disfruta las "abundancias" que vayas logrando.
- Construye nuevos sueños con nuevas esperanzas.

Apéndice

LOS LIBROS DE LA BIBLIA:

ANTIGUO TESTAMENTO

EL PENTATEUCO
Génesis
Éxodo
Levítico
Números
Deuteronomio

LIBROS HISTÓRICOS
Josué
Jueces
Rut
Samuel 1° y 2°
Reyes 1° y 2°
Crónicas 1° y 2°
Esdras y Nehemías
Tobías
Judit
Ester

LIBROS POÉTICOS Y SAPIENCIALES
Job
Salmos
Proverbios
Eclesiastés
Cantar de los Cantares
Sabiduría
Eclesiástico

LIBROS PROFÉTICOS
Isaías
Jeremías
Lamentaciones
Baruc
Ezequiel
Daniel
Oseas
Joel
Amós
Abdías
Jonás
Miqueas
Nahum
Habacuc
Sofonías
Ageo
Zacarías
Malaquías

NUEVO TESTAMENTO

Evangelio según San Mateo
Evangelio según San Marcos
Evangelio según San Lucas
Evangelio según San Juan

Hechos de los Apóstoles

Epístolas de San Pablo
a los Romanos
Primera a los Corintios

Segunda a los Corintios
A los Gálatas
A los Efesios
A los Filipenses
A los Colosenses
Primera a los Tesalonicenses
segunda a los Tesalonicenses
Primera a Timoteo
Segunda a Timoteo
A Tito
A Filemón

A los Hebreos

Epístola de Santiago
Primera Epístola de San Pedro
Segunda Epístola de San Pedro
Primera Epístola de San Juan
Segunda Epístola de San Juan
Epístola de San Judas

Apocalipsis

Glosario

AARÓN: Siglo XIV antes de Cristo. Gran sacerdote de los hebreos, hermano de Moisés. Era muy elocuente y por esa razón fue intérprete y portavoz de Moisés.

ABIMELEK: Rey de Gerar; concertó con Abraham una alianza relacionada con un pozo conocido como pozo del juramento.

ABNER: Primo del rey Saúl y general en jefe de su ejército. Más tarde, Abner decidió apoyar a David como rey de todo Israel.

ABRAHAM: Patriarca, al que el pueblo hebreo reconoce por padre. Nació en Ur aproximadamente 2000 años antes de Cristo. Tuvo de su esclava Agar a Ismael, padre de los árabes. De Sara tuvo a Isaac, padre de los judíos. Por indicación de Yahvéh, se dirigió a Canaan y se estableció al sur de Palestina.

AMALECITAS: Se les menciona en el Génesis como un pueblo del área nororiental de la península del Sinaí. Se dice también que Saúl combatió contra ellos y los venció. En la tradición relativa a David, se habla de una irrupción de los amalecitas en la que fueron derrotados por David. En el Primer Libro de las Crónicas se dice que los últimos amalecitas fueron derrotados por parte de la tribu de Simeón.

AMÓS: El tercero de los Profetas Menores. Profetizó durante los reinados de Azarías, rey de Judá y de Jeroboam, rey de Israel (783-743 a.C.). Ejerció el oficio de pastor y también trabajó en el cultivo de higos de sicómoro.

ANTIGUO TESTAMENTO: Parte de la Biblia que contiene los escritos de Moisés, libros históricos, libros poéticos y sapienciales y libros proféticos, anteriores al nacimiento de Cristo.

APOCALIPSIS: El último libro del Nuevo Testamento. En su introducción se afirma que el libro contiene la revelación hecha por Jesucristo al apóstol Juan, en la isla de Patmos.

ASCENSIÓN DE CRISTO: Cuarenta días después de la Resurrección de Cristo, y tras numerosas pruebas de la realidad de su cuerpo, Jesús congregó a sus discípulos por última vez. Luego subió al Monte de los Olivos y mientras los bendecía extendiendo las manos, Jesús se elevó del suelo. Los discípulos lo vieron ascender, pero una nube lo oculta a sus miradas. Dos ángeles se acercan a ellos y les dicen: "¿Qué hacen allí mirando hacia el cielo? Este mismo Jesús que ha sido tomado de entre vosotros para ser elevado al cielo, así vendrá, de la manera que lo habéis contemplado irse al cielo".

BABILONIA: Antiguo imperio que se localizó en el suroeste de Asia y que floreció del 2100 al 530 a.C. Babilonia fue conquistada por los caldeos en el siglo VII a. C. y posteriormente por los persas, convirtiéndose en parte del Imperio Persa.

BETANIA: Villa de Palestina, 10 kilómetros al sur de Jerusalén, al pie del monte de los Olivos, donde habitaban Marta, María y Lázaro.

BETSAIDA: Antigua ciudad de Palestina, cerca del lago de Genesareth o Tiberíades. Fue embellecida por el tetrarca Filipo, hijo de Herodes. Lugar del nacimiento de los apóstoles Pedro, Andrés y Felipe.

CENTURIÓN: Jefe de una centuria en la milicia romana. Una centuria constaba de cien soldados y estaba bajo las órdenes de un centurión. Era una subdivisión de una legión romana.

CÉSAR: Nombre de familia de una rama del clan juliano de Roma. Posteriormente se utilizó esta palabra como título para referirse al emperador romano y llegó a simbolizar la autoridad civil en sentido amplio.

CÍMBALO. Instrumento musical parecido a los platillos. Se usaba especialmente en fiestas religiosas y profanas.

COLOSENSES: Habitantes de Colosas, ciudad de Frigia localizada a unos 200 kilómetros al este de Éfeso.

CORINTIOS: Habitantes de Corinto, ciudad de Grecia situada en la parte occidental del istmo que lleva su nombre, el cual separa los mares Jónico y Egeo. San Pablo llegó a Corinto en el año 51 durante su segundo viaje, después de un intento de apostolado en Atenas.

DAVID: Siglo XI antes de Cristo. Profeta hebreo y segundo de los reyes de Israel. Su vida se relata en los Libros de los Reyes, en el Antiguo Testamento. Nacido en Belén e hijo de Isaí, era un humilde pastor cuando el profeta Samuel lo eligió, por inspiración divina, para suceder a Saúl en el trono. Llamado a la corte de Saúl, intervino en la guerra contra los filisteos (es famoso el episodio de la lucha contra el gigante Goliat). El prestigio de David ante el pueblo llegó a provocar los celos de Saúl, quien intentó matarle. David se vio obligado a vivir en grutas y montañas o a deambular por el desierto. Al no poder granjearse el afecto de Saúl, David huye a la tierra de los filisteos, quienes posteriormente derrotan y dan muerte a Saúl. David es ungido entonces rey de Judá, mientras Isbaal, hijo de Saúl es elegido como rey de Israel, con lo que se inicia la guerra. A la muerte de Isbaal, la autoridad de David es reconocida en todo Israel. David es el autor de la mayor parte de los salmos.

DEBIR: Cámara del fondo en el Templo de Salomón; la parte más sagrada donde estaría el Arca de la Alianza. Más tarde se le llamó "Santo de los Santos".

DENARIO: Moneda romana de plata equivalente a cuatro sestercios; también, moneda romana de oro que valía cien sestercios. Un sestercio valía dos ases y medio; el as era la unidad monetaria romana.

DEUTERONOMIO: Último libro del Pentateuco, cuyo nombre significa "segunda ley". Contiene una especie de recapitulación de los hechos que acompañaron la promulgación de la ley del Sinaí. Las tradiciones judía y cristiana lo consideran obra de Moisés.

DILUVIO: Una inundación extraordinaria que, según la tradición bíblica, y muchas tradiciones de numerosos pueblos, envió Dios a la tierra para castigar los pecados de la humanidad, de la que sólo quedaron pocos supervivientes; ellos son los únicos antecesores de la humanidad actual.

ECLESIASTÉS: Libro sapiencial del Antiguo Testamento. Habla sobre la vanidad del mundo, y afirma que no hay felicidad verdadera sino en la observación rigurosa de la ley de Dios.

ECLESIÁSTICO: Libro sapiencial del Antiguo Testamento, escrito originalmente en hebreo por Ben Eleazar Ben Sira hacia 200-180 a.C. Ben Sira era un sabio o escriba residente de Jerusalén.

EFESIOS: Habitantes de Éfeso, importante ciudad del occidente de Asia Menor. San Pablo dio a conocer el Evangelio en Éfeso y fue bien recibido por los griegos y los judíos que la habitaban.

ELÍAS: Uno de los profetas más importantes del Antiguo Testamento, que se menciona en casi todos los libros de la Biblia. Después de realizar numerosos portentos que revelaron la presencia de Dios, fue llevado al cielo en un carro de fuego tirado por caballos. Aparece junto a Cristo en la Transfiguración.

ELISEO: Siglo IX antes de Cristo. Profeta hebreo discípulo y sucesor de Elías. Cuando Elías fue llevado al cielo en un carro de fuego, Eliseo recogió el manto de su maestro y los hijos de los profetas lo reconocieron por jefe.

EPÍSTOLA: En lenguaje culto, carta, como las dirigidas por los apóstoles a los fieles. La literatura epistolar del Nuevo Testamento comprende 21 escritos, distribuidos en dos colecciones: las 14 epístolas de San Pablo y las 7 epístolas "católicas" atribuidas a distintos apóstoles.

ESCRIBA: Perito en los libros sagrados, o escritor sagrado. Los escribas hebreos surgieron de la necesidad de crear un cuerpo especializado que se encargara de estudiar minuciosamente la Tora, para determinar las interpretaciones textuales que se relacionaran con los principios religiosos y la tradición. Los escribas llegaron a constituir un cuerpo separado del sacerdocio, al que en un principio pertenecía esta tarea.

ESPÍRITU SANTO: En el Antiguo Testamento, es la potencia con la que Dios obra; por eso se menciona al principio de la creación y de la vida humana. Está presente en todos aquellos que ejercen funciones delegadas por Dios, como los jueces y especialmente los profetas. En el Nuevo Testamento, se atribuye al Espíritu Santo la concepción virginal de Cristo, se habla de él en el momento del bautismo de Jesús. Jesucristo es portador del Espíritu, de ahí que toda su obra mesiánica se haga en virtud de la fuerza del Espíritu que mora en él.

EUCARISTÍA: Su significado original se centra en la idea particular de reconocimiento y acción de gracias y la general de bendición y alabanza. En el Nuevo Testamento, Jesús instituye la Eucaristía, signo real de la liberación del pecado y de la Nueva Alianza. Lo hace consagrando el pan y el vino diciendo: "Este es mi cuerpo" y "Esta es mi sangre".

EVANGELIO: Por su etimología, la palabra significa "buena nueva" y se usó para designar la predicación de Jesús. En el lenguaje cristiano significa aquellos libros que tratan sobre el mensaje y predicación de Cristo.

ÉXODO: Libro de la Biblia; segundo libro del Pentateuco. Fue escrito por Moisés y narra la historia del pueblo israelita desde el nacimiento de Moisés hasta la salida de Egipto y la derrota de los amalecitas. Comprende además la promulgación del Decálogo y otras leyes.

EZEQUIEL: 622 años antes de Cristo. Uno de los cuatro profetas mayores del pueblo hebreo. Según la tradición, murió mártir después de profetizar desde el año 592 hasta el 567 ó 570 antes de Cristo. El Libro de Ezequiel se divide en un prólogo y tres partes: el anuncio de la destrucción de Jerusalén y de Judá, los vaticinios contra sus enemigos, y las profecías sobre la restauración futura.

FARAÓN: Soberano del antiguo Egipto.

FARISEO: Entre los judíos, miembro de una secta que afectaba rigor y austeridad en la observancia de los preceptos religiosos, pero que en realidad desatendía el espíritu religioso.

FILISTEO: Pueblo enemigo de los israelitas que ocupaba la costa del Mediterráneo al norte de Egipto. Su grado de civilización y cultura superaba al de los pueblos vecinos. Durante largo tiempo dominaron parte del pueblo israelita. David logró liberarlo del yugo filisteo venciendo a sus adversarios, que desde entonces no pudieron recuperar su antiguo poderío. Más tarde fueron dominados por los babilonios, persas, macedonios y telemaicos, y se fusionaron paulatinamente con estos pueblos vecinos.

GÁLATAS: Gente da las iglesias de Galacia. Gálatas es lo mismo que celtas. Algunas tribus celtas se establecieron en la región central del Asia Menor cerca de la actual Ankara, capital de Turquía. Es muy probable que la Epístola de San

Pablo a los Gálatas se dirigiera a las comunidades o iglesias de Asia Menor fundadas por este apóstol en su primer viaje apostólico.

GEDEÓN: Juez de Israel que liberó a los judíos del yugo de los madanitas.

GÉNESIS: Nombre del primero de los libros del Antiguo Testamento en el que se narra la historia de la creación del mundo y la historia primitiva del género humano, desde Adán hasta José. Su primera parte incluye el relato de la creación, la historia del paraíso y la caída en el pecado; la historia de Caín y Abel; la historia de los cainitas y los descendientes de Set; el relato del diluvio, la bendición de Noé, la torre de Babel y la confusión de lenguas. Su segunda parte se relaciona con la historia de los patriarcas: Abraham, Isaac y Jacob.

HEBREOS: Grupo de judeocristianos a quienes San Pablo dirige una de sus Epístolas.

HEBRÓN: Ciudad de la tribu de Judá y una de las ciudades más antiguas del mundo, pues se habla de que Abraham se estableció en sus cercanías. Se localiza en la meseta más alta de la región montañosa de Palestina meridional, a 850 metros sobre el nivel del Mediterráneo.

HECHOS DE LOS APÓSTOLES: Libro del Nuevo Testamento escrito en griego por San Lucas y que refiere los progresos del cristianismo desde la Ascensión de Cristo hasta la llegada de Pablo a Roma.

HEKAL: Gran sala de culto en el Templo de Salomón; más tarde se le llamó "Santo".

ISAÍAS: Primero de los cuatro grandes profetas perteneciente a la tribu de David, profetizó durante los reinados de Osías, Acaz y Exequias (siglos VIII y VII antes de Cristo). La Biblia relata que en cierta ocasión, cuando Isaías estaba orando, un ángel tomó del altar un carbón ardiente y purificó con él los labios del profeta. Se le considera como el más elocuente de los profetas.

JACOB: Patriarca hebreo, segundo hijo de Isaac y de Rebeca, padre de doce hijos que tuvo de Raquel, de Lía y de sus sirvientas Bola y Zelfa. Según el Génesis, compró a su hermano Esaú el derecho a la primogenitura por un plato de lentejas y obtuvo la bendición de su padre Isaac por una treta de su madre. Huyendo de la cólera de su hermano, tuvo un sueño en el que vio una larga escala que unía el cielo y la tierra, por la cual subían y bajaban ángeles. De regreso a su país, después de pasar catorce años con su tío Labán, de quien obtuvo en matrimonio a sus dos hijas, Lía y Raquel, luchó con un ángel, de donde le vino el nombre de Israel, fuerte contra Dios. Los doce hijos que tuvo Jacob dieron su nombre a las doce tribus de Israel.

JEREMÍAS: Uno de los cuatro grandes profetas de Israel. Anunció los infortunios de Jerusalén, que fue destruida por Nabucodonosor. Compuso los cantos llamados *Lamentaciones* sobre la ruina de Jerusalén.

JESÉ: Una de las dos pronunciaciones habituales del nombre del padre de David; la otra es Isaí, y se usa en los libros históricos del Antiguo Testamento.

JONATÁN: Hijo primogénito de Saúl y comandante de parte de su ejército. Jonatán conoció a David cuando éste se enfrentó al gigante Goliat, quedando impresionado por la valentía del joven pastor. A partir de entonces David y Jonatán cultivaron una estrecha amistad. Cuando David fue perseguido por Saúl, Jonatán le informaba de todas las intenciones y movimientos de su padre.

JOSÉ: Patriarca hebreo, hijo de Jacob y de Raquel. Sus hermanos lo vendieron a unos mercaderes, quienes a su vez lo vendieron a Putifar, oficial del faraón egipcio. La mujer de Putifar trató de seducirlo, pero José permaneció indiferente y ella lo acusó ante el faraón, quien lo hizo encarcelar. En la prisión interpretó los sueños del copero real, quien, recobrada la libertad, hizo dejar libre a José. Poco después, el faraón soñó que siete vacas flacas devoraban a siete vacas gordas y siete espigas flacas devoraban a siete espigas gordas. José interpretó el sueño prediciendo siete años de abundancia seguidos de siete años de hambre. Fue nombrado intendente del reino y durante los años de abundancia hizo acopio de granos que permitieron sobrellevar los de sequía. José llamó a su padre a Egipto, a donde ya habían llegado sus hermanos, y estableció a su familia en Gessen. Se casó con una hija de Putifar, de la que tuvo a Manases y a Efraín, origen de dos tribus hebreas.

JOSÍAS: Siglo VII antes de Cristo. Rey de Judá, hijo y sucesor de Amón. Descubrió una copia del Deuteronomio.

LÁZARO: 1. Hermano de Marta y María resucitado por Jesús, según el Evangelio de San Juan. Según una tradición medieval, llegó a Provenza, y llegó a ser el primer obispo de Marsella. 2. Mendigo de una parábola de Jesús.

LEVITA: Israelita de la tribu de Leví, dedicado al servicio del templo.

LEVÍTICO: Libro del Antiguo Testamento, el tercero del Pentateuco. Contiene las prescripciones relativas al culto, al sacerdocio, y en general, a todos los aspectos de la vida cotidiana relacionados con la religión.

LIBRO DE DANIEL: Relata hechos históricos que abarcan desde los primeros años de Nabucodonosor (605-562 a.C.). Daniel es un profeta bíblico; a los 16 años fue llevado cautivo a Babilonia y educado en la corte de Nabucodonosor. Interpretó los sueños del rey y obtuvo una posición privilegiada que conservó con los sucesores de Nabucodonosor.

LIBRO DE LA SABIDURÍA: Libro del Antiguo Testamento, cuyo texto original, escrito en griego se atribuye a un judío de cultura helénica. También se le conoce como *Sabiduría de*

Salomón, porque este rey aparece hablando en varios pasajes.

LIBRO DE LOS PROVERBIOS: Libro del Antiguo Testamento formado por sentencias y locuciones, que señalan la manera de obtener la felicidad terrenal. Se considera que su autor fue el rey Salomón.

LIBRO DE LOS REYES: Parte del Antiguo Testamento que narra la historia del pueblo judío desde los últimos tiempos del rey David hasta la caída de Samaria, Israel y Judá y el cautiverio babilónico consecuente. La obra demuestra que la prosperidad de los reyes y del pueblo judío dependía de la observancia de la ley. La tradición hebrea lo atribuye al profeta Jeremías.

LOT: Patriarca hebreo, hijo de Arán y sobrino de Abraham. Residía en Sodoma y dio hospitalidad a los enviados de Dios, por lo que pudo escapar con los suyos de la destrucción de la ciudad por la cólera divina.

MANDAMIENTOS: Conjunto de preceptos morales que, según la tradición bíblica, fueron entregados a Moisés por Dios en el monte Sinaí.

MARÍA: Natural de Betania, hermana de Marta y Lázaro. Los Evangelios la describen como una persona reflexiva que se quedaba tan absorta ante las palabras de Jesús que su hacendosa hermana Marta la reprendía. Su amor al Maestro se hace evidente en el relato de la resurrección de Lázaro. Seis días antes de la Pascua, ungió la cabeza y los pies del Señor, como anticipo o preparación de la unción fúnebre. Jesús la alabó por haber escogido la "mejor parte".

MARTA: Hermana de Lázaro y María de Betania. Los Evangelios la describen como una mujer activa, práctica y diligente.

MOISÉS: Profeta y legislador hebreo de la tribu de Leví, nacido en Egipto. Para salvarlo de la matanza ordenada por el faraón, su madre lo depositó en una cesta a orillas del Nilo. La hija del faraón lo recogió y fue educado en la corte. Siendo adulto, mientras apacentaba las ovejas, se le apareció Yahvéh y le ordenó salvar al pueblo hebreo del dominio egipcio. Moisés guió al pueblo a través del Mar Rojo y el desierto del Sinaí. En el monte Sinaí, Dios le entregó los Diez Mandamientos, o Decálogo. A su regreso del monte, destruyó el becerro de oro que su pueblo adoraba y construyó el Tabernáculo, en el que guardó las Tablas de la Ley y organizó el culto a Yahvéh. Condujo a su pueblo hasta el monte Nebó frente a Jericó y desde allí le mostró la Tierra Prometida. Moisés murió en este monte a los 120 años de edad después de poner a Josué al mando del pueblo.

NABUCODONOSOR: Nombre de dos reyes mesopotamios. Nabucodonosor I, venció a los elamitas, pero después Babilonia cayó bajo el poder de los asirios y más tarde de los arameos.

Nabucodonosor II reinó en Babilonia desde 605 hasta 562 a.C. Venció a Joaquín, rey de Jerusalén y destruyó el templo de esta ciudad. Sitió a Tiro y atacó el norte de África. Durante su reinado se realizaron grandes construcciones urbanas: el palacio a lo largo del río Éufrates, las dos murallas alrededor de Babilonia, los jardines colgantes para su esposa Semíramis, el túnel que unía la ciudad por debajo del río, etc.

NAZARETH: Ciudad de Palestina, al norte de Jerusalén. Según los Evangelios, Jesucristo vivió en Nazareth hasta el inicio de su vida pública.

NEGUILLA: Planta de flores color púrpura que crece en los campos de cereales y cuyas semillas son tóxicas.

NUEVO TESTAMENTO: Parte de la Biblia cristiana que contiene los Evangelios y demás obras posteriores al nacimiento de Jesús: los Hechos de los Apóstoles, las Epístolas de San Pablo y otros apóstoles y el Apocalipsis de San Juan.

NÚMEROS: Cuarto libro del Pentateuco, llamado así porque comprende dos censos de los israelitas, uno al comienzo y otro casi al final de la obra. Además contiene distintas disposiciones legales y sobre el culto, y el relato de la peregrinación del pueblo judío por el desierto.

PARÁBOLA: Narración de un suceso fingido, del que se deduce, por comparación o semejanza, una vedad importante o una enseñanza moral.

PENTATEUCO: Parte de la Biblia que comprende los cinco primeros libros del Antiguo Testamento: el Génesis, el Éxodo, el Levítico, los Números y el Deuteronomio.

PIKOL: Jefe militar de Abimilek que intervino en las relaciones de este rey con Abraham e Isaac.

PORTEADOR: Persona que trabaja transportando cosas de un lugar a otro.

PROFETA: Entre los judíos, se daba el nombre de profeta no sólo a los inspirados por Dios para predecir el provenir, sino también a ciertos hombres que animados de fervor religioso, se ejercitaban en la práctica de todas las virtudes y en la meditación y explicación de la ley de Dios a sus discípulos. Los cuatro profetas más importantes son: Isaías, Jeremías, Ezequiel y Daniel. Hay también doce profetas menores: Oseas, Joel, Amós, Abdías, Jonás, Miqueas, Nahum, Abacuc, Sofonías, Ageo, Zacarías y Malaquías.

PUBLICANO: Entre los romanos, arrendador de los impuestos o rentas públicas y de las minas del estado.

ROMANOS, EPÍSTOLA A LOS: El origen de la comunidad cristiana de Roma no es muy claro, pero se considera normal que se hubiera formado en Roma una comunidad de creyentes, pues llegaban a ella millares de provincianos de todos los rincones del imperio. San Pablo escribe su Epístola a los Romanos pues tiene planes de ir a España y los hermanos de Roma pueden ayudarle en ese propósito.

SÁBADO: Entre los hebreos, el séptimo y último día de la semana, enteramente consagrado a Yahvéh, con rigurosa abstención de cualquier trabajo.

SALMOS: Himnos o cánticos religiosos inspirados por el Espíritu Santo, que formaban parte del culto litúrgico israelita en los tiempos del Antiguo Testamento, y que los cristianos han recibido como preciosa herencia.

SALOMÓN: Hijo de David y Betsabé, proclamado rey de Israel a la muerte de su padre. Consolidó el reino de David y construyó el templo y el palacio real de Jerusalén. Cobró impuestos al comercio para financiar al ejército y a las construcciones. Se casó con la hija de un faraón de Tanis, celebró tratados con Jiram, rey de Tiro y recibió la visita de la reina de Saba en Jerusalén. Salomón fue famoso por su sabiduría y la tradición religiosa judía le atribuye tres libros de la Biblia: el Cantar de los Cantares, los Proverbios y el Eclesiastés, así como el Libro de la Sabiduría y los Salmos 62 y 127.

SAMARITANO: Miembro del antiguo pueblo semita que habitaba la región de Samaria, entre Judea y Galilea. Los samaritanos fueron miembros de las diez tribus hebreas que se separaron de las otras dos para formar, bajo Jeroboam, el reino de Israel, cuya capital era Samaria.

SAMUEL: Juez de Israel; independizó a los judíos del yugo de los filisteos y por mucho tiempo ejerció su autoridad sobre las tribus. Designó a Saúl como rey y más tarde consagró a David. Se le atribuye el Libro de los Jueces y el Primer Libro de los Reyes.

SAN JUAN: Uno de los doce apóstoles y uno de los cuatro evangelistas; fue hijo de Zebedeo y Salomé y hermano de Santiago el Mayor. Fue uno de los primeros en seguir a Cristo, después de haber sido discípulo de San Juan Bautista. Fue el único discípulo de Cristo que estuvo presente en su crucifixión, recibió al pie de la Cruz a la Virgen María como madre. Tras predicar en tierras de Asia, se retiró a Éfeso; desterrado a Patmos, escribió el Apocalipsis. Luego regresó a Éfeso y escribió el cuarto Evangelio y tres Epístolas.

SAN LUCAS: Autor del tercer Evangelio y de los Hechos de los Apóstoles. Según la tradición fue médico y pintor.

SAN MARCOS: Uno de los cuatro evangelistas de origen judío. Fue discípulo de San Pedro y acompañante de San Pablo en su primer viaje apostólico. Se dice que escribió su Evangelio en Roma hacia los años 50 y 60. Organizó la Iglesia de Alejandría.

SAN MATEO: Uno de los doce apóstoles, nacido en Cafarnaum (Galilea). Es el primero de los cuatro evangelistas.

SAN PABLO: Antes de su conversión al cristianismo se llamaba Saulo; fue hijo de judíos benjamitas que habían adquirido la ciudadanía romana. Era fariseo y consideraba que el cristianismo era una herejía y lo combatió con ardor. Pero un día, yendo camino a Damasco, escuchó la voz de Jesús en medio de un resplandor que le cegó y se convirtió a la nueva fe. Predicó en Damasco, visitó Jerusalén donde se encontró con Pedro y realizó tres viajes apostólicos para predicar a los gentiles. Es la personalidad más importante del cristianismo primitivo. Dejó escritas catorce epístolas.

SAN PEDRO: Uno de los doce apóstoles, natural de Betsaida. Su nombre original era Simón; fue pescador y abandonó su oficio después de la pesca milagrosa, para seguir a Cristo junto con su hermano Andrés. En una ocasión Simón confesó ante Jesús: "Tú eres el Cristo, el Hijo de Dios Vivo", a lo que Jesús contestó: "Tú eres Kefas (en arameo, *piedra*) y sobre esta piedra edificaré mi iglesia, y las puertas del infierno no prevalecerán contra ella; y a ti te daré las llaves del reino de los cielos, y todo lo que atares en la tierra será también atado en los cielos". Los Hechos de los Apóstoles describen el crecimiento de la Iglesia y el papel que tuvo San Pedro en ella.

SANTIAGO EL MENOR: Primo hermano de Jesucristo. Primer obispo de Jerusalén y autor de una de las epístolas católicas.

SAÚL: Primer rey de los hebreos, consagrado por el profeta Samuel. Venció a los amonitas, filisteos y amalecitas. Tuvo siete hijos, pero Yahvéh designó a David como su sucesor.

SINAGOGA: Casa en que se reúnen los judíos a orar y a escuchar la doctrina de Moisés. En tiempos de Jesucristo, no había ciudad en Judea que no tuviera una sinagoga.

SODOMA Y GOMORRA: Dos ciudades de la Pentápolis de Jordán, formada por Sodoma, Gomorra, Adama, Seboim y Sego. Según el Antiguo Testamento, Sodoma y Gomorra fueron destruidas por Dios mediante una lluvia de fuego y azufre por los pecados de sus pobladores, permitiendo sólo la salvación de Lot y su familia.

TEMPLO DE JERUSALÉN: Su proyecto se remonta a David, pero fue Salomón quien lo construyó con los materiales operarios que le proporcionó Jiram, rey de Tiro. Se erigió en la colina noreste de la ciudad de Jerusalén, que en la actualidad ocupa la "Cúpula de la Roca" o mezquita de Omar.

TIATIRA: Ciudad de Lidia, junto al río Lico. Fue una de las siete iglesias de Asia.

TIMOTEO: Compañero de San Pablo a quien éste le envió al menos las dos epístolas que conservan su nombre. La comunidad cristiana de Listra se lo recomendó al apóstol para que lo acompañara en sus viajes, y estuvo con él en su segundo y tercer viajes. Pablo le encomendó misiones en Tesalónica, Macedonia y Corinto.

TIRO: Importante ciudad fenicia

situada antiguamente en una isla, unida en la actualidad al continente, a unos 40 kilómetros de Sidón. Era uno de los mejores puertos de Fenicia.

TORA: Palabra que significa "ley" y se usa en el judaísmo para designar a los cinco libros del Pentateuco, los primeros cinco libros de la Biblia.

TRIBU DE DAN: Dan fue el quinto hijo de Jacob y primogénito de Bilhah, sierva de Raquel. La tribu de Dan se asentó originalmente al oeste de Jerusalén.

TRIBU DE JUDÁ: Judá fue el cuarto hijo de Jacob y Lía. Fue un hombre realista, de nobles sentimientos, enérgico y persuasivo. La Tribu de Judá fue la más numerosa e importante de Israel. Su capital fue Jerusalén. El reino de Judá es uno de los dos estados que se formaron después de la muerte de Salomón, por el cisma de las diez tribus. Las tribus de Judá y Benjamín permanecieron fieles a Roboam y constituyeron el reino de Judá.

Bibliografía

BIBLIA DE JERUSALÉN, 1967 Editorial Española Desclee de Brower, S.A. Heano 6, Bilbao.

Diccionario enciclopédico Quillet, 1960, Editorial Argentina Arístides Quillet.

ENCICLOPEDIA DE LA BIBLIA, 1969, Ediciones Garriga, S. A. Barcelona, España.

Impreso en los talleres de
Trabajos Manuales Escolares,
Oriente 142 No. 216
Col. Moctezuma 2a. Secc.
Tels. 5 784.18.11 y 5 784.11.44
México, D.F.